U0478269

本书系福建省教育科学“十四五”规划 2023 年“研究共同体”专项课题“自然生长理念下幼儿园生活化课程的实践研究”(立项批准号:Fjygzx23-046)、福建省新时代基础教育名师名校长培养专项课题“自然生长理念下幼儿园全维度教育生态构建研究”(立项批准号:FJSM2024032)研究成果。

一所自然生长的幼儿园

郭冰清 / 著

海峡出版发行集团
THE STRAITS PUBLISHING & DISTRIBUTING GROUP
福建教育出版社

图书在版编目（CIP）数据

一所自然生长的幼儿园/郭冰清著. —福州：福建教育出版社，2025.2. —ISBN 978-7-5758-0195-9

Ⅰ. G617

中国国家版本馆 CIP 数据核字第 2024KV9670 号

Yisuo Ziran Shengzhang De You'eryuan

一所自然生长的幼儿园

郭冰清　著

出版发行　福建教育出版社

（福州市梦山路 27 号　邮编：350025　网址：www.fep.com.cn

编辑部电话：0591-83726908

发行部电话：0591-83721876　87115073　010-62024258）

出 版 人　江金辉

印　　刷　福建新华联合印务集团有限公司

（福州市晋安区福兴大道 42 号　邮编：350014）

开　　本　710 毫米×1000 毫米　1/16

印　　张　16

字　　数　237 千字

插　　页　1

版　　次　2025 年 2 月第 1 版　　2025 年 2 月第 1 次印刷

书　　号　ISBN 978-7-5758-0195-9

定　　价　55.00 元

序 一

在生命的初始阶段，幼儿的成长至关重要。身处当今快节奏、高挑战的时代，人们时常在忙碌中忘却了生命最为本真的追求。《一所自然生长的幼儿园》为学前儿童的发展带来新的启示，其所传达的理念，为幼儿的成长开辟了全新的思考路径。

阅读书稿，行文流畅且自成体系。它以自然生长为核心，广泛涵盖教育理念、文化建设、环境构建、教师发展、课程实践以及家园关系等多个方面，以独特视角精心构建起让每一个生命自然生长的幼儿园蓝图，生动地展现出一个充满生机、和谐共生的幼儿园生态系统。

作者坚定地秉持“自然生长”理念，强调每个孩子都是独一无二的个体，幼儿园尊重幼儿天性，顺应其成长规律，为孩子提供适宜的环境与条件，使他们在自然、生活、游戏中自主探索、快乐成长。这既是对幼儿个体发展的高度尊重，更是对未来社会人才培养的深刻洞察。

幼儿园的实践路径丰富多元。他们构建“教育当如树”的生长型多维文化架构，营造“森系风”环境，打造自主开放型学习场馆以及创设自然教育情境，为幼儿提供充满野趣且极具教育意义的学习空间，使其尽情释放天性，畅享成长的乐趣。

“生长型”概念为教育开拓出新路径。在课程构建方面，书中提出创设生长型教育情境，让孩子们在生活、自然、文化中浸润。同时教师积极研究和尝试项目式生长课程，鼓励孩子们参与活动的设计、实施与调整的过程，让其逐步构建初步的世界观和价值观，为其终身发展奠定坚实基础。在教师培养层面，他们探索从传统教师向自然生长型教师的转变。生长型教师不仅需要具备专业的教育知识，更需拥有开放的心态和创新的能力，以适应不断变化的教育环境。教师角色的转变与专业素养的提升，直接关系到幼儿园教育质量的提升。通过深入剖析传统教师角色向自然生长型教师的转变路径以及生长型教师专业素养的提升策略，为我们勾勒出一幅教师成长的清晰图景。这不仅是对教师个人成长的深切关怀，更是对学前教育事业可持续发展的深远谋划。

在共享沟通、创意探究及和谐共育中，家园关系不再是单向的，而是双向互动、共同成长的；不再是简单的分工合作，而是相互学习、彼此促进，为孩子自然生长营造良好环境。这种关系，不仅能有力地促进孩子们的全面发展，也能极大地增进家长对教育的理解和参与。

《一所自然生长的幼儿园》将新时代学前教育改革的精神启迪于人、运用于行、深化于型、内化于魂，是理论与实践的完美结合，更是关于生命成长、教育革新的有力宣言。它让我们看到，在自然的怀抱中，学前教育可以如此美好；在尊重生命、顺应成长的教育理念指引下，我们能够培养出更加健康、自信、富有创造力的未来公民。

这本书清晰地展现了学前教育的发展方向和可行路径，无论是学前教育工作者还是关心幼儿成长的家长，都能从这本书中汲取宝贵的经验，获得深刻的启示。它为学前教育在教育理念、管理文化、课程设计、教师发展、家园共育等多个维度的积极探索提供了有益的参考，为学前教育的持续进步注入了新的活力。

丁海东

2024 年 10 月 20 日

序　二

在教育的广阔天地里，每一所幼儿园都是一颗独特的种子，蕴含着无限的生长可能与希望。在担任福建省新时代基础教育名园长培养的导师期间，郭冰清园长向专家和同学介绍了她长达 14 年的自然生长教育探索以及她关于让儿童自然生长的教育思想；确定了在本工程期间的“自然生长理念下幼儿园教育生态构建研究”的课题，而《一所自然生长的幼儿园》著作是她课题的研究成果之一。阅读此文稿，让人仿佛置身于一个充满生机与活力的绿色世界，一个人与自然互动交融的和谐世界，一个儿童欢乐成长的童话世界。这里不仅有孩子们纯真的笑脸，更有教育者对自然生长理念的深刻探索与实践。我想，她笔下的泉州市实验幼儿园应该是新时代教育背景下众多高质量学前教育办园中的一个典型代表。

作者以其深厚的专业素养和前瞻性的教育视野，为我们呈现了一幅自然生长理念下幼儿园全维度教育生态的画卷。书中以“六维三环四阶”为理论框架，系统地阐述了自然生长理念在幼儿园教育中的实践路径与成效，不仅理念创新，更在实践层面自成体系，形成了独特的生态运作机制，为我们呈现了一个生动、立体、全面的教育世界。

它打破了传统的幼儿园教育实践思维局限，全面阐释了幼儿园教育的构成要素与运行机制。从理念引领、文化营造、环境支撑、教师培育、课程建设到家园共育，每个维度都是对自然生长理念的全面诠释和有力彰显。这六个维度相互交织、彼此支撑，共同构成了幼儿园教育的完整生态系统。在自然生长理念的引领下，幼儿园教育成效广泛惠及幼儿、教师、幼儿园本身，构成了一个全面覆盖的教育共同体，而这相互依存、彼此促进的“三环”共同构成幼儿园教育生态系统的三大核心要素。作者带着教育的洞察力和生态的思考力，让整个幼儿园发展呈现出连续性、阶段性与发展性，即从基础到提升，再到个性和综合，彰显幼儿园教育发展的四阶段进阶。作者的思考与探索不仅促进了幼儿的全面发展，也推动了幼儿园教育的整体进步。

难能可贵的是，作者并没有停留在思考与操作的层面，而是进行了梳理、提炼与提升，形成了这本具有丰富实践意义和理论意义的、为理论提供实践支持的著作。它不仅为我们提供了自然生长理念下幼儿园教育实践的生动案例与宝贵经验，为实践提供借鉴价值；更为我们揭示了自然生长教育的本质、自然生态幼儿园的内涵和外延，丰富了自然生态教育理论；它不仅是对作者个人教育实践的总结与反思，更是对广大幼儿园教育者的一种启示与鼓舞。

愿每一位教育工作者都能从作者身上学习到深入思考、积极探索的精神与品格，为自身的专业发展获得滋养与力量；也祝愿每一位教育工作者能从本书里看到情怀与智慧，为孩子们创造一个更加美好、更加自然的生长环境，让孩子们在爱与智慧的滋养下茁壮成长。

杨秀治

2024 年 11 月 13 日

自 序

当我决定写这本书，记录下关于这所自然生长的幼儿园的点点滴滴时，心中满是感慨与期待。

回首过往，一所自然生长幼儿园的探索仿佛是一场奇妙的旅程。从最初的理念萌生，到看着它一步步成长、蜕变，其中凝聚了无数的心血与付出，也承载了太多的梦想与希望。

在这所幼儿园里，我见证了孩子们在自然的怀抱中发现、探索。那一双双好奇的眼睛，那一个个充满奇思妙想的瞬间，那一次次让我们为之欢呼的创想，都成为我创作的灵感源泉。我试图用文字捕捉这些美好，让更多的人能感受到一所自然生长的幼儿园的魅力。

在这里，你将看到的幼儿园仿佛是一片充满生机与活力的森林，孩子们能够自由地呼吸、成长、绽放。它摒弃了传统的教育模式，孩子们可以尽情地与大自然亲密接触，感受阳光的温暖、微风的轻抚、花草的芬芳、小鸟的呢喃。老师们不再是传统意义上的知识传授者，而是变成了孩子们成长道路上的引导者和守护者。他们耐心地倾听孩子们的每一句话，尊重每一个独特的想法，鼓励其勇敢地去尝试发现，在一次次探索中积累经验。

在这仿佛是小人国的世界里，一切都充满了奇幻与纯真。孩子们小小的身躯却蕴含着巨大的力量。在这里，孩子们是游戏的主角。他们欢笑着、奔跑着，在那一方充满奇思妙想的天地中尽情释放着自己的活力与创造力；游戏中，没有成人世界的规则与束缚，只有孩子们无拘无束的身影。他们或穿梭于用户外用具搭建的大型“战舰”之间，或沉浸在西游记角色扮演的情境之中，或为每天自己发明的“大炮”变得更高级而欣喜若狂……每一个孩子都全身心地投入到游戏里，仿佛整个世界都围绕着他们转动。他们用小小的心灵去感受游戏带来的快乐与惊喜。他们是最闪耀的存在，是游戏当之无愧的主角，用纯真与热情书写着属于自己的精彩篇章。他们相信梦想的翅膀可以带他们飞向远方，相信友谊的纽带可以连接彼此的内心，相信自己的力量可以创造出无限的可能。他们的创造力和想象力在这里得到了最大程度的激发。

老师们被孩子们的创意深深震撼，他们惊叹于孩子们在与自然互动中展现出的智慧与勇气，为孩子们在游戏中的每一个独特表现而欢呼喝彩。而家长们也逐渐理解和认同这种自然生长的教育理念，他们积极参与到幼儿园的各项活动中，与孩子们一起体验游戏的美好，支持和见证孩子们的每一次进步和成长。

写这本书是对自然生长理念下幼儿园教育探索实践的一次梳理与反思。希望通过这些文字，分享我所经历的挑战与收获，让读者能理解我们对于自然生长理念的执着与坚守。因为这不仅是一所幼儿园的故事，更是对教育本质的追寻与探索。

我衷心地希望这本书能让更多的人关注孩子们的自然成长需求，共同为他们营造一个充满爱与自由的教育环境，创设一个个自然的教育情境，让每一个孩子富有个性地健康成长。期待它能在教育的长河中泛起一丝涟漪，引发更多关于幼儿园教育、关于孩子成长的思考与行动。

郭冰清

2024 年 6 月 1 日晚

目　录

篇章一

理念之根——让每一个生命自然生长

篇章二

文化之育——生长型文化多维架构

篇章三

环境之魅——自然生长环境多元构筑

篇章四

教师之变——生长型教师素养培育

篇章五

课程之旅——生长课程深入探索

篇章六

家园之融——生长型家园关系和谐构建

篇章七

生长课程故事分享

篇章一

理念之根
——让每一个生命自然生长

每个孩子都是独一无二的存在，有着自身的发展节奏和潜力。尊重每个生命的独特性，给予他们充分的空间和关爱，让他们在自然的状态下成长，才能真正挖掘出他们的无限可能。这不仅符合儿童身心发展的客观规律，也是教育回归本真的必然要求。

“让每一个生命自然生长”即尊重和遵循每个生命个体自身的成长规律和内在特质，不进行过度的干预或强制，为其提供适宜的环境和条件，使其能够按照自身的节奏和方式自由地展现、成长与发展。这种理念强调对生命的尊重、包容与信任，倡导顺应自然而非刻意雕琢的发展模式。它是自然生长理念的个性化表述。

一、自然生长理念的理论依据

自然生长理念在教育领域中具有非常重要的意义和价值。它有着坚实的理论依据作为有力的支撑。这种理念深深扎根于对人类发展规律的认知、对教育本质的深入探寻以及对儿童天性的充分尊重之中，其背后更是凝聚着众多学科领域的研究成果与智慧结晶，涵盖了心理学、教育学、社会学等多个方面，这些理论和实践为自然生长理念奠定了坚实的基础。

1. 发展心理学。如皮亚杰所言“儿童的发展是一个不断建构的过程”，这为理解生命自然生长中儿童认知的逐步发展提供了有力支撑。

2. 教育生态学。就像布朗芬布伦纳所强调的“个体发展嵌套于一系列相互作用的系统之中”，启示我们要营造利于生命自然生长的生态环境。

3. 人本主义心理学。正如罗杰斯所说“人都有自我实现的倾向”，这凸显了在自然生长中尊重个体自主性的重要性。

4. 自然生长理念倡导者和推动者

（1）庄子。在庄子的思想中，“道法自然”是其核心理念，其强调道以自然为法则。如“天地与我并生，而万物与我为一”等表述，体现出对自然规律的尊崇与顺应。其倡导应让事物依循自身天性与自然规律去发展，避免过多人为干预与强制。此启示人们需给予个体充裕的自由空间与宽松环境，使其能如自然万物般自然舒展与成长，尊重每个人独特的发展路径与节奏，从而为自然生长理念奠定深厚的哲学根基与思想支撑。

（2）卢梭。《爱弥儿》中有言：“大自然希望儿童在成人以前就要像儿童的样子。若我们打乱此等次序，我们便会造就一些早熟的果实，它们既不丰满亦不甜美，且很快就会腐烂。”卢梭认为儿童具有内在的自然发展规律，教育应尊重儿童天性，顺应自然发展规律。其反对传统教育对儿童的压抑与束缚，主张让儿童在自由、宽松的环境中成长，通过与生活相结合，借自身感官与体验来学习，以培养其生活能力与社会责任感。教育不仅限于学校中进行，亦应涵盖家庭、社会等诸方面。这些观点对现代教育具有重要启示意义。

（3）夸美纽斯。《大教学论》中写道：“吾等之格言当为：凡事皆应追随自然之引领，需观察能力发展之次第，使吾等之方法依循此等顺序之原则。”其认为教育仿若自然生长，应为循序渐进的过程，切不可急于求成。且借助自然界的实例阐明教育需遵循自然秩序。如鸟儿择春天繁衍，园丁择春天播种，盖因春天乃万物生长之季节，为最适宜生命发展的时机。同理，儿童的成长亦具有特定阶段与规律，教育应根据儿童的年龄与发展阶段而行，不可过早或过晚实施教育。

（4）杜威。“教育即生长，除其自身外别无他目的。”杜威强调教育非是将外在之物强令幼儿吸收，而是要使人类与生俱来的能力得以生长。其亦曾言：“生长之首要条件乃未成熟状态，此未成熟状态之特性，非静止之特性，而为一种积极之势力或能力——向前生长之力量。”此体现其对儿童自然发展状态与潜力的重视。突出了儿童的主体地位，鼓励教育者尊重儿童的个性与兴趣，为其提供适宜的环境与条件，以促进其全面发展。此理念推动教育向更具个性化与人性化的方向发展，强调教育与生活的紧密联系，使教育更贴近儿童的实际需求与生活经验。

（5）陶行知。其教育思想强调生活即教育、社会即学校、教学做合一。此等论述对自然生长理念的影响在于，强调了教育的自然性与生活化，令教育更贴近儿童的实际生活，促进儿童的自然发展与成长。同时，亦强调实践与体验在教育中的重要性，鼓励学生通过亲身参与和实践来学习与成长。

（6）陈鹤琴。“大自然、大社会，皆为活教材，儿童应于自然和社会之直接接触中，通过亲身观察以获取经验与知识。”“教育之根本目的在于助力儿

童自然地发展。”“让儿童于自然之状态下，自由地成长与学习。”陈鹤琴强调了儿童与自然的联系，以及自然环境于儿童教育中的重要性，其自然生长理念对中国的幼儿教育产生了深远影响。

（7）虞永平。“儿童乃自然之子，教育应顺应儿童天性，令其亲近自然，于自然中体验和学习。”其强调亲近自然乃幼儿生动有趣的天性展现过程，需建立幼儿与自然紧密联系，使其在自然中体验学习并全面发展。强调重视自然体验、关注个体发展、倡导综合学习、融入日常生活，使自然成为生活的重要部分，促进个体与自然的和谐共处，为生活理念注入新内涵与价值，助力个体的全面成长。

从古到今，从中到外，自然生长理念的倡导者和推动者都以独特见解和实践，持续有力地推动着教育的不断发展，而各种学派也为自然生长理念的发展和完善提供了宝贵的理论支撑与实践引领。

二、自然生长的概念与内涵

自然生长这一理念有着丰富而独特的内涵，对于教育有着深远的影响。为了更清晰、准确地理解“自然生长”理念，下面将对其概念进行具体界定。

（一）自然生长概念界定

自然生长指的是在自然状态的环境中，创设贴近儿童天性、自然的教育情境，引导儿童找到属于个体的生长点，从而激发其内在生长力的教育。

这就需要充分尊重幼儿的童真与天性，通过细致的观察与了解，去发现每个幼儿独特的兴趣点与发展潜能，恰似发现每棵幼苗的独特生长需求，为幼儿提供适宜的引导与支持，助力其在自身的轨道上自然而健康地成长与发展。

（二）自然生长理念的内涵

1. 尊重天性。充分认识到幼儿天生具有爱玩、好奇、探索等本能，为其创设能自由发挥这些天性的空间与条件，使幼儿能够在尽情游戏中释放活力，通过好奇去主动发现与认知世界，激发其内心的求知欲与创造力，让其能以自身最自然的方式去体验与成长。

2. 个性化。每个幼儿都是独一无二的个体，具有各自独特的性格、兴趣、天赋与学习方式。教师需细致观察并深入了解每个幼儿的不同之处，根据其具体特点与需求来制定适宜的教育计划与引导方式。无论是学习内容、活动安排还是互动模式，都做到量身定制，以最大程度满足每个幼儿的发展需求，使其能依自身的节奏与轨道充分展现自我。

3. 渐进性。清楚认识到幼儿的成长与发展并非一蹴而就，而是一个循序渐进、逐步积累的过程。不揠苗助长意味着不急于求成，不超越幼儿当前的发展阶段去施加过高的要求与压力。尊重幼儿在不同阶段的能力与表现，给予其足够的时间去适应、去学习、去积累经验，使其在每个阶段都能稳固地打好基础，逐步提升自身的能力与素养，实现可持续发展。

4. 和谐性。强调营造一个和谐融洽的教育环境。在师幼关系方面，教师以关爱、尊重与理解的态度对待幼儿，与其建立起亲密而信任的关系，让幼儿感受到温暖与安全。在同伴关系上，鼓励幼儿之间友好互动、合作与分享，培养其社交能力与团队精神。家园之间的和谐则体现在家庭与幼儿园之间保持良好的沟通与合作机制，双方需及时交流幼儿的发展状况与需求，协商教育策略与方法，确保教育的一致性与连贯性。同时，社会资源也应积极融入到这一和谐环境的构建中，为幼儿提供更为丰富多元的成长条件与机会，从而使幼儿能在这种和谐的氛围中安心、愉悦地自然成长，实现身心的全面发展与综合素质的不断提升。

（三）自然生长的关键要素

自然生长的前提在于尊重规律。幼儿的成长与发展有着其特定的阶段性、顺序性以及个体差异性等客观规律。我们必须深入探究并全面把握这些规律，例如幼儿在不同年龄段的认知特点、情感需求、动作发展水平等，只有依此展开教育活动，才能避免揠苗助长，真正顺应幼儿的自然发展进程。

自然生长的品质主要体现为主动发展。这需要我们通过各种方式去激发幼儿内在的积极性与主动性，比如提供丰富有趣且具有挑战性的探索机会，鼓励幼儿勇于尝试、敢于提问，培养他们对世界的好奇心和求知欲，让他们在主动探索中不断提升自我、实现成长。

自然生长的教育意味着放手而不是放任。给予幼儿适度的自主空间，让

他们能够自由地表达想法、做出选择，同时也要进行恰当的引导和支持，在他们遇到困难或出现偏差时及时给予帮助和指正，引导幼儿建立正确的价值观和行为模式，确保他们在正确的轨道上健康发展。

自然教育的关键是环境。这里的环境既包括物质环境，如安全、舒适、富有童趣的空间布置，丰富多样的教具和玩具等；也包括人文环境，如教师的关爱、尊重与理解，同伴之间的友好互动与合作氛围等。我们要努力营造适宜幼儿自然生长的良好环境及教育情境，通过和谐、温暖、积极向上的氛围感染幼儿，让他们能在其中安心、愉悦地探索与成长，从而保障幼儿能够实现良好的发展。

三、自然生长理念对学前教育及未来幼儿发展的积极意义

自然生长理念在学前教育中有着重要的价值和意义。然而现今在幼儿园里，关于自然生长理念存在理解上的误区以及实践中的诸多状况，需要我们厘清认识，正确理解自然生长理念的价值。

（一）自然生长理念在幼儿园中存在的问题

自然生长理念在幼儿园教育中具有重要的意义，但在实践中也存在一些问题，这些问题凸显了对其进行研究的价值。

1. 无法看见生长

教师的儿童观、课程观相对滞后，注重知识技能传授，找不到专业定位，捕捉课程生长点的能力较弱，缺乏对幼儿的信任、理解与尊重，不敢放手，导致幼儿被动学习，失去了主动思考的机会和想象的空间。部分农村薄弱幼儿园还存在教学内容和教学方式“小学化”的倾向。

2. 无法支持生长

教师习惯性地以预设和集体活动为主，不注重幼儿活动的生成性，缺乏对幼儿的主动观察，活动过程没有充分考虑幼儿的已有经验，虽然满足了幼儿的需要或已捕捉到了幼儿的兴趣点，但缺少对幼儿游戏及各领域发展的核心经验及学习品质的关注与支持，且存在教师对幼儿在课程中生成的话题缺乏应对策略，未能以教育理念为支撑采取相应有效的支持策略等现象。

3. 无法持续生长

教师评价缺少理性的分析和思考，存在为了评价而评价的“形式主义”现象，大部分教师评价缺少方法，实践中无法触及幼儿心灵、挖掘智慧潜能，缺少针对幼儿情感、认知、学习方式、思维品质长远发展的深度评价分析，导致幼儿遇到困难时，更多的是给予帮助，而非鼓励幼儿尝试自主探究解决问题的方法以促进幼儿的深度学习。

（二）自然生长理念在幼儿园中的研究和实践价值

1. 深化对幼儿发展的理解：通过研究自然生长理念，我们可以更深入地了解幼儿的身心发展规律，认识到每个幼儿都是独特的，有自己的发展节奏和方式。这有助于教育工作者制定更符合幼儿需求的教育计划和方法。

2. 提升教育质量：研究自然生长理念可以为幼儿园教育提供新的思路和方法，帮助教育工作者更好地激发幼儿的潜能，促进他们的全面发展。这有助于提高教育质量，使幼儿在幼儿园阶段得到更好的教育和培养。

3. 推动教育改革：对自然生长理念的研究可以为教育改革提供理论支持和实践指导。通过推广这一理念，可以促进教师教育观念的更新，推动幼儿园教育向更加尊重儿童、关注个体差异的方向发展。

4. 培养适应社会和未来发展的人才：自然生长理念强调培养幼儿的自主性、创造力和社会适应能力。研究这一理念有助于培养出具有创新精神、独立思考能力和良好社会适应能力的人才，为社会的发展作出贡献。

（三）对未来幼儿发展的积极意义

1. 注重对幼儿自主探索精神与创造力的培养。在宽松自由的氛围当中，幼儿能够不受过多的约束和限制，大胆地去进行各种尝试和创新活动。这种自由的空间和氛围能够激发幼儿内在的好奇心和求知欲，促使他们积极主动地去探索周围的世界，从而逐步发展出独立思考的能力和创新思维，在面对问题时能够运用自己的智慧和创造力去寻找独特的解决方案，这对于幼儿未来应对复杂多变的社会环境和挑战具有极其重要的意义。

2. 重视促进幼儿积极正面自我概念的形成。通过充分尊重幼儿的个性发展特点，给予他们足够的鼓励和支持，让幼儿能够真切感受到自身的价值和独特性。在这样的过程中，幼儿会逐渐建立起强大的自信心和自尊心，对自

己的能力和潜力有清晰的认知，这将成为他们未来成长道路上的重要动力和支撑，无论是在学业、职业还是个人生活中，都能以更加坚定的信念和积极的心态去面对困难和挫折。

3. 帮助幼儿养成良好的学习习惯和树立积极的学习态度。当幼儿处于自然和谐的环境中时，他们会对学习产生更为浓厚的兴趣和热情，不会将学习视为一种负担，而是一种充满乐趣和挑战的探索过程。这种积极的态度会促使他们主动地去获取知识和技能，逐渐形成良好的学习习惯，如专注、坚持、善于思考等，这些良好的学习习惯将伴随他们一生，为他们未来的学业成功和个人发展奠定坚实的基础，使他们能够不断提升自我，实现自身的价值和目标。

4. 高度强调幼儿与他人的和谐共处。通过有意识地培养幼儿良好的社交能力和情感表达能力，让幼儿学会如何与他人友好地相处、合作与分享。在这个过程中，幼儿能够更好地理解他人的感受和需求，提升自己的人际交往能力和情商。具备这些能力的幼儿能够更加顺利地适应社会生活，融入不同的群体和环境，与他人建立良好的关系。这不仅对他们当下的生活和学习有着积极的影响，更为他们未来的人生发展做好了充分的准备，使他们能够在社会中立足并取得成功，为社会的和谐发展作出贡献。

综上所述，自然生长理念在幼儿园中存在的问题凸显了对其进行研究的重要性。通过深入研究和实践应用，可以更好地贯彻这一理念，为儿童未来的发展创造更加有利的条件。

篇章二

文化之育
——生长型文化多维架构

幼儿园文化建设是幼儿园教育的重要组成部分，对幼儿园各项活动的开展起着潜移默化的重要作用，是推动园所可持续发展、打造园所文化影响力、提升办园质量的重要保证。

我们的幼儿园秉持着“让每一个生命自然生长”的办园理念。在这里，幼儿被视为一棵棵充满希望的小树，他们拥有着各自的潜力和独特之处。而老师们则是一排排行道树，默默守护、引导着幼儿成长。幼儿园恰似那一片广袤的树林，每一棵树都以自己的姿态生长和展现。

福禄贝尔曾说过：“教育就像一棵树推动另一棵树，一个灵魂推动另一个灵魂。”我们期望借助树所蕴含的智慧与力量，去精心营造一个充满蓬勃生命力的教育生态环境，让幼儿置身其中，如同小树一般，深深扎根于大地，汲取着知识与爱的养分，不断蓬勃向上，展现出生命的活力与精彩。因此，我们以“教育当如树”为文化追求，希望孩子们如树苗，在幼儿园的森林里，在老师这行道树的守护、引导与滋养下，茁壮成长。老师们扎根教育、陪伴孩子们成长时也自我提升，幼儿园如森林，为师生提供天地，汇聚力量形成和谐教育生态。

一、教育当如树：生长型幼儿园的文化追求

“教育当如树”是对自然生长理念的园本化深刻解读，它不仅体现了我们对于教育本质的深入思考，更是我们对于创办一个能够真正助力幼儿茁壮成长环境的美好期许。

幼儿教育是慢的艺术。我们切不可急功近利，也不能揠苗助长。我们要如同呵护树木生长一般，给予幼儿足够的时间和空间，让他们按照自身的节奏与规律，去探索、去体验、去发展，在充满爱与关怀的氛围中，逐渐成长为具有健全人格和丰富素养的个体。只有这

样，我们才能真正实现对幼儿成长的美好期待，为他们的未来奠定坚实的基础。

· 尊重树的天性

幼儿园教育需尊重每棵树的天性。幼儿的天性是游戏，应让幼儿在游戏中学习和发展；应尊重每个幼儿的个性和差异，为他们提供个性化的教育和关爱，就像树木各有其独特的生长规律和特点一样。

· 注重根的培养

根深才能叶茂。我们不能只注重树冠的美丽，而忽略了树根的生长。应注重培养幼儿的生活习惯、学习习惯和良好的品德行为，帮助他们打下坚实的基础，就像树木的根是其生长的基础一样。

· 向着阳光生长

每棵树都是向着阳光生长的。应培养幼儿积极向上的心态，让他们充满自信和勇气，追求自己的梦想，就像树木向着阳光生长一样。

· 给树留有生长的空间

没有两棵树是相同的。应给予幼儿足够的自由和发展空间，让他们能够自由地探索和发展自己的兴趣爱好和潜力，就像树木需要足够的空间来生长一样。

二、生长型幼儿园的文化架构

（一）目标层面

在“教育当如树”校园文化下，我们制定了明确且具有递进性的目标体

系。在表格中清晰呈现了具体目标的各个阶段。近期目标集中于管理体系及课程体系的初步构建，这如同为大树奠定根基，为后续发展搭建稳固架构。中期目标围绕完善和优化课程体系与管理框架，致力于让自然生长理念下的实践特色更加鲜明，如同精心培育树干，使其茁壮成长且独具特色。长远目标瞄准打造一所具有标杆性的自然生长幼儿园，使我们的理念及成果能广泛而深远地影响整个教育领域，恰似让大树枝繁叶茂，成为教育领域中一道亮丽的风景。通过这样层层递进、逐步深入的目标规划，我们坚定地朝着打造一所自然生长的幼儿园努力，让每一个孩子都能在如树般的教育环境中自由、健康、快乐地成长与发展。

目标层面	具体目标
近期目标	完成管理体系及课程体系初步构建。
中期目标	完善和优化课程体系和管理框架，凸显特色优势。
长远目标	打造一所自然生长的幼儿园，理念和成果产生广泛影响。

（二）校园文化层面

在校园精神文化建设层面，我们通过图片清晰地呈现了幼儿园的文化架构。从“让每一个生命自然生长”的办园理念，到办一所“自然生长”的幼儿园，再到“培养有持续生长力、全面发展且富有个性的时代新人”，以及“尊重天性、多元体验、和谐共生”的课程理念，园风“自然舒展，和生共融”，园训“扎根沃土、蓬勃向上”，这些元素共同构建了一个丰富而富有内涵的校园文化体系。这一系列的理念和目标相互关联、相互促进，为幼儿园的发展指明了方向，也为幼儿的成长营造了独特而积极的氛围。它们如同阳光雨露滋润着这片教育的“树林”，让每一个幼儿都能在这里自由而茁壮地成长，让幼儿园充满蓬勃生机与活力，不断向着打造优质教育、培养优秀人才的方向前进，成为幼儿成长的乐园。

1. 办园理念：让每一个生命自然生长

秉持“让每一个生命自然生长”的理念，尊重每个幼儿的独特天性与发展节奏，如同呵护幼苗般给予适宜的环境与引导，让他们在爱与自由中自然地成长。

2. 办园目标：办一所自然生长的幼儿园

“办一所自然生长的幼儿园”这一办园目标，意味着尊重儿童天性和发展规律，让幼儿在自然状态下逐步发展各方面能力，如同植物自然生长般保持好奇心与探索欲，培养自主性和创造力；自然生长的环境提供丰富感官体验，通过打造充满自然元素的空间，让幼儿提升观察力和感受力，促进身心健康发展；它预期培养出具有良好适应能力和健全人格的幼儿，使幼儿能在自然氛围中学会与他人和谐相处、解决问题，并对自然和生命怀有敬畏热爱之情；还体现了对教育本真的追求，不追求功利成果，注重幼儿长远发展和幸福，为其未来奠定坚实基础，让他们能以自然健康积极的状态迎接各种挑战机遇。

3. 培养目标：培养有持续生长力、全面发展的时代新人

我们致力于培养出拥有强大持续生长力的幼儿。这种持续生长力体现在幼儿对知识的渴望与不断汲取的能力上，使他们始终保持对新事物的好奇心和探索欲；在品德方面，能够不断自我提升和完善，形成良好的道德品质和行为习惯。我们期望幼儿在认知、情感、社交、身体等各个方面都能均衡进

步，不仅拥有丰富的知识储备，还具备良好的情绪管理能力、和谐的人际交往能力以及健康的体魄，从而成为一个全面发展的人。我们致力于将幼儿培养成具有深厚家国情怀的人，热爱祖国、热爱家乡，对自己的民族和文化有着强烈的认同感和自豪感，能心怀责任与担当。此外，我们还要培养幼儿的世界眼光，使他们了解不同的文化和观念，拥有开放包容的心态和全球化的视野，以适应未来社会的多元发展，不断成长、不断进步，为国家和社会的发展贡献力量。

4. 课程理念：尊重天性　多元体验　和谐共生

“尊重天性”意味着课程设计充分尊重每个幼儿与生俱来的独特个性、兴趣和发展倾向。教师们敏锐地察觉幼儿的特点，不强制他们遵循固定的模式，而是让幼儿在课程中能自由地表达自我，以他们最舒适和自然的方式去学习与成长。

“多元体验”强调课程内容的丰富性和多样性。通过提供各种不同的学习活动、情境和领域的探索，让幼儿有机会接触到广博的知识和技能，如艺术、科学、语言、运动等。这种多元体验能拓宽幼儿的视野，激发他们的好奇心和求知欲，培养他们全面的素养和综合能力。

“和谐共生”体现在课程实施过程中。注重师幼之间、幼幼之间的良好互动与合作，营造和谐融洽的学习氛围。同时，也强调课程与幼儿的身心发展、家庭环境、社会需求等各方面的协调统一，使课程成为一个有机的整体，共同促进幼儿在和谐的环境中健康、快乐地发展，如同自然界中各种生物和谐共生、相互促进一样。整个课程理念旨在为幼儿打造一个充满活力、富有意义且能让他们充分发展的学习空间。

5. 园风：自由舒展　和生共融

“自由舒展”意味着在幼儿园中，幼儿能充分享受无拘无束的状态，他们可以自由地表达自我，舒展个性与才能，能够按照自己的意愿和节奏去探索、学习和成长，不受过多的束缚和限制，尽情释放内在的潜力和创造力；而对于老师来说，他们同样拥有足够的教学自主权和发挥空间，可以自由地选择适合幼儿的教育方法和活动形式，能够自由地展现自身的教育智慧和专业才能，不受过多的条条框框限制，在教育工作中能尽情地舒展自己的教育理想和热情，以更加灵动和创新的方式引导幼儿成长。

“和生共融”则体现了一种和谐共融的氛围。“和”代表着园内和谐、和睦的整体环境，各种关系都处于一种协调融洽的状态，无论是幼儿之间还是老师之间、家长与老师之间、家长与幼儿之间都相处和谐；“生”包含着对生命的尊重、对生活的热爱以及对生机活力的呵护，老师尊重每个幼儿的独特生命形态，热爱与幼儿在一起的教育生活，用心呵护幼儿，家长也尊重和理解幼儿与老师，共同为幼儿营造良好的成长环境；“共融”表示师生之间、同伴之间、老师与家长之间、幼儿与家长之间等相互接纳、包容，不同个体和元素能和谐地融合在一起，共同营造出温暖、友好且相互促进的教育生态，让幼儿在这种和谐共融的氛围中健康快乐地发展，老师在这样的氛围中不断提升自我，家长也能更好地参与到幼儿的教育成长过程中，与幼儿园携手共进。

6. 园训：扎根厚土　蓬勃向上

“扎根厚土”体现了幼儿园注重基础的奠定，鼓励幼儿深深扎根于习惯的土壤、品德的土壤、文化的土壤，汲取丰富的养分，培养扎实的素养和全面发展的能力。它强调了脚踏实地、稳固根基的重要性，让幼儿在成长的道路上有坚实的支撑。

“蓬勃向上”则展现了积极进取、充满活力的精神追求。它激励着师生们保持昂扬的斗志和积极的心态，不断向上生长、突破自我，努力追求更高的目标和更美好的未来。展现出一种蓬勃发展、奋发向前的态势，寓意着幼儿园如同充满生机的大树，不断向上伸展，绽放出无限的可能。整个园训体现了幼儿园对幼儿既要有坚实基础的发展期望又要有进取精神的希冀。

（三）管理层面

管理层面	具体内容
氛围涵养	营造积极、包容、鼓励创新的氛围。
平台助力	搭建多样化的教师发展平台、资源共享平台等。

和融共进	促进团队间的合作与交流，共同进步。
人性彰显	体现以人为本，尊重个性，关注教师需求。

我们致力于打造生态式的管理文化，在氛围涵养方面，我们致力于营造积极、包容、鼓励创新的氛围，让身处其中的每一个人都能感受到满满的正能量和开放的环境，激发大家的积极性与创造力，就如同大树在良好的环境中才能茁壮成长。通过平台助力，搭建多样化的教师发展平台和资源共享平台等，为教师们提供广阔的成长空间和丰富的资源支持，助力他们不断提升自我，这恰似为树木提供适宜的生长条件。“和融共进”的理念强调了团队之间以及家园之间的合作与交流，旨在促进大家携手并肩，共同努力推动教育事业的发展，犹如树木共同汇聚成茂密的森林一样。“人性彰显”则体现了以人为本的重要理念，即尊重个性，密切关注教师的需求，让每一位教师都能在工作中感受到尊重与关怀，仿佛给予树木精心的呵护。这一系列的创新举措共同构建了一个有利于教师发展和教育事业推进的良好生态，为打造优质教育奠定了坚实的基础，推动着整个校园向着更高水平不断迈进。

（四）课程层面

幼儿园的生长课程极具魅力，其中包含了生活课程、游戏课程以及项目区域课程。“生活课程”引导幼儿在日常点滴中体验生长，就像树木从土壤中汲取养分一样自然；“游戏课程”注重幼儿的问题和生成，关注幼儿的自我生长，通过游戏的形式让幼儿在充满乐趣的实践体验中实现自我发展和成长，恰似树木在嬉戏中舒展枝叶；而“项目区域课程”则更具特色，别具一格，它是在借鉴意大利瑞吉欧课程的项目活动的基础上，与幼儿园的区域活动完美融合后创新研发出来的。这种项目式区域课程为幼儿带来了独特的学习体验，让幼儿能够在充满趣味和挑战的项目探究中展现自我、提升能力，如同树木在独特的环境中绽放别样风采。整个生长课程体系，无论是生活课程、游戏课程还是极具特色的项目区域课程，都围绕着幼儿的发展需求而生成，这一体系为幼儿营造了一个充满活力、有利于生长的教育环境，助力幼儿茁壮成长，绽放出属于他们的独特光彩。

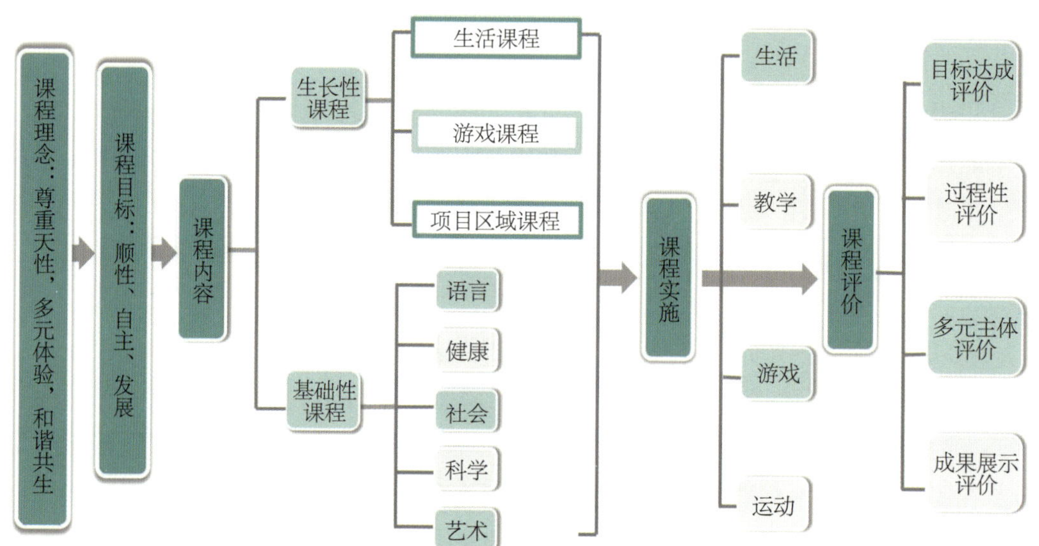

泉州市实验幼儿园园本课程架构

（五）教师层面

我们倡导教师应如树扎根般不断提升专业素养，因为这是教师成长的根基所在，犹如树木扎根土壤汲取养分；强调如树无界般进行终身学习，让教师们始终保持对知识的渴望和追求，突破各种边界去汲取养分，恰似树木不断拓展生长空间；如树展枝所蕴含的寓意，教师们应具备勇于创新并积极实践的精神，不断拓展教育的新领域和新方法，如同树木伸展枝叶探索广阔天地；而如树成林则充分体现了教师团队共同进步、相互协作的状态，大家携手共进，如一片茂密的树林般充满生机与活力，仿佛树木共同构成繁茂森林。教师们在这样的理念指引下，不断提升自我、追求卓越，共同为教育事业的蓬勃发展贡献力量，努力打造出高质量的教育环境，让每一个幼儿都能在这片教育的“森林”中茁壮成长，收获丰富的知识和宝贵的人生经验。

教师层面	描述
如树扎根，素养提升	强调教师专业素养的不断提升
如树无界，终身学习	突出教师持续学习、无边界学习的特点
如树展枝，创新实践	表示教师勇于创新并积极实践的精神
如树成林，团队共进	体现教师团队共同进步、相互协作的状态

1. 如树扎根，素养提升。这句话强调了教师专业素养的重要性，就像树需要扎根才能茁壮成长一样，教师也需要不断提升自己的素养。这包括教育教学知识、学科专业知识、教育技术能力等方面的提升，以更好地胜任教学工作。

2. 如树无界，终身学习。这里的“无界”表示教师的学习没有界限或限制。教师应该保持终身学习的态度，不断追求知识的更新和拓展，不仅要关注教育领域的最新动态，还要广泛涉猎其他领域的知识，以丰富自己的视野和思维方式。

3. 如树展枝，创新实践。这句话体现了教师勇于创新和积极实践的精神。教师应该敢于尝试新的教学方法和策略，不断探索适合幼儿的教育模式。同时，教师还应该将创新的理念和方法应用到实践中，通过实践来检验和完善自己的教学。

4. 如树成林，团队共进。这里的“成林”表示教师团队的共同进步和相互协作。教师之间应该形成良好的团队合作关系，相互支持、相互学习、相互促进，通过团队的力量提高教学质量，促进自身的专业发展。

以上对教师“如树成长”的教育意蕴阐述，着重强调了教师在专业成长过程中应该具备的素养和精神，这涵盖了不断提升专业素养、终身学习、创新实践和团队协作等方面的发展要求。通过这些表述，我们期望能够激励更多的教师如树般在幼教领域持续生长，追求卓越，为幼儿的成长和发展贡献出更多的力量。

三、生长型幼儿园文化建设的实践路径

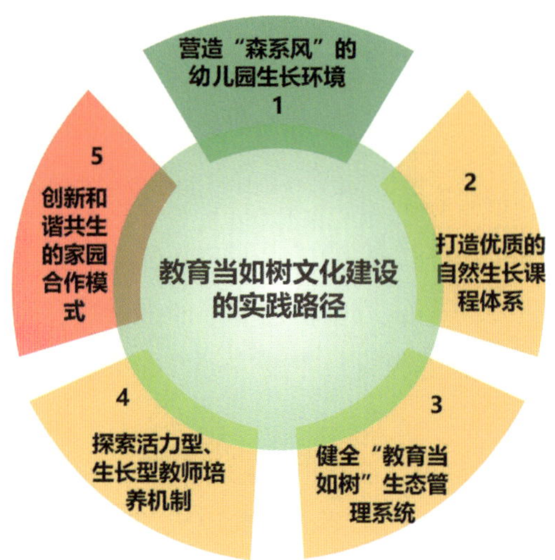

（一）营造“森系风”的幼儿园生长环境

“森系风”的幼儿园生长环境强调贴近自然，充满野趣。户外设置草地、树木、花丛、沙水池及自然游乐设施，供幼儿尽情探索。园内大量运用自然元素装饰，如木质家具、麻绳树枝饰品与绿植等。幼儿利用自然材料创作布置幼儿园，共同营造森系环境，让幼儿在与自然互动中释放天性、快乐成长。

（二）打造优质的自然生长课程体系

自然生长课程体系围绕生活、自然环境及自然教育情境创设展开。将生活与自然紧密相连，让幼儿在日常中探索自然。以丰富多样的自然环境为课程，激发幼儿好奇心和探索欲。促进幼儿与自然互动，开展各类活动，使幼儿在亲身参与中领悟自然奥秘。精心创设自然教育情境，关注兴趣经验、生活及解决问题，生成丰富多彩的课程，为幼儿全面发展和未来成长奠定坚实基础。

（三）健全“教育当如树”生态管理系统

“教育当如树”生态管理系统旨在营造积极向上、团结协作且尊重个体的教育文化氛围。教师如树般生长，扎根沃土，蓬勃向上。既注重个体发展，

又强调团队协作。管理层面如大树根系，深入土壤，为教育提供稳固支撑。通过完善管理办法实现精细化管理，为教师和幼儿提供丰富资源。搭建沟通渠道和协作平台，促进教师与家长及时交流、密切合作，共同为幼儿成长贡献力量。整个管理系统如森林，构建和谐共生、共同成长的教育生态环境。

（四）探索活力型、生长型教师培养机制

活力型、生长型教师培养机制以关注教师过程性成长为核心。建立个人成长档案，记录教师教学实践、培训参与、互动交流等过程中的进步与感悟，为教师提供自我审视和成长参照。鼓励教师制定过程导向的个人计划，明确发展目标，注重实现过程中的体验与调整，弱化对最终结果的单一关注，激发教师持续学习和创新动力，促进教师专业成长。

（五）创新和谐共生的家园合作模式

创新和谐共生的生长型家园关系注重深度沟通以了解幼儿个性需求，合作制定个性化生长计划，携手创设成长环境，高度重视共享与合作。家园积极分享幼儿状态及教育资源，紧密协作制定发展目标、实施教育策略、共创成长空间，合作开展亲子活动及共育项目，为幼儿成长提供坚实保障。

篇章三

环境之魅

——自然生长环境多元构筑

自然生长的关键在于环境，环境的精心创设能够有力地促进孩子们在其中真正实现自然生长。为此，我们极为注重多元的环境构建。首先，在“森系风”的幼儿园环境创设中，不仅打造自然景观，融入自然设施，如果园、花园、饲养场地等，还将诸多自然元素融入其中，让孩子们利用自然材料进行艺术创作，充分展现幼儿园的生态之美。其次，自由开放型学习场馆的打造为孩子们提供了自由自主学习和探索的广阔空间，他们可以自由选择伙伴、老师、场馆并进行合理布置，在这一自由天地中尽情探索，持续激发自身的成长动力。再者，自然教育情境是基于生活、自然发现、游戏过程、区域活动等情境中孩子们的兴趣话题、产生的问题以及需要解决的困难等进行合理创设，引导孩子们更加动态且递进地去探索和学习，以推动他们的深度学习。通过这些多元环境的构建，让孩子们能在丰富而美好的环境中茁壮成长。

一、“森系风”幼儿园环境的营造

卢梭曾说过：“大自然是最好的课堂。”玛丽亚·蒙台梭利也强调：“儿童对大自然的反应是直接而真实的。”孙瑞雪则提出：“让孩子像孩子一样长大。”这些名言都深刻地揭示了自然环境对儿童成长的重要性。在我们的幼儿园中，我们致力于打造一个贴近自然的环境，让孩子们能够在其中自由探索、学习和成长。我们所追求的自然生长环境，是一个充满蓬勃生机与灵动野趣的所在。在这里，自然元素的和谐共生，生态之美随处可见。

（一）自然生态园精心构筑

迈入大门，首先映入眼帘的是那葱茏的小花园，里面有许许多多五彩斑斓的花朵绚烂绽放，仿佛热情地迎接着每一个孩子的到来。一片宽阔的操场展现在眼前，柔软的草坪铺陈其上，任由孩子们尽情地奔跑嬉戏。园里有桂花树，每逢花开时节，金桂飘香，满是甜蜜的气息；扶桑花热烈奔放，色彩艳丽摇曳生姿；杜鹃花如火焰般艳丽，为幼儿园增添了一抹亮丽的色彩；会开花的红鸡蛋花树别具一番景致；三角梅热情似火，艳丽的苞片如燃烧的火焰；炮仗花似一串串喜庆的鞭炮，增添了欢乐的氛围；紫藤花如梦幻的紫色瀑布般垂挂，优雅而迷人；还有那棵年代久远的玉兰树尤为引人注目，黄色花朵满树绽放，如璀璨繁星点缀枝头，迷人的香气四溢开来。玉兰树下，防腐木打造的休息小站精致而别具一格，孩子们对这里情有独钟，常在此畅聊分享小秘密，或惬意地在其中遮阴休憩，尽情闻着微风夹杂的玉兰花香。

操场旁是小果园，那棵承载着漫长岁月的龙眼树，每逢秋季开学，总是硕果累累，一串串饱满的龙眼足以让全园孩子共享甜蜜。还有那年老却依然

挺拔的杨桃树，足有三层楼高的个头，苍劲的枝干上挂满大小不一或绿或黄的杨桃，每到冬天，孩子们总是想出各种办法来采摘杨桃，尽情体验着别样的采摘心情。旁边的柚子树，粗壮枝干托着沉甸甸的柚子；芦柑树亦是生机勃勃，一个个芦柑仿若绿色小灯笼；枇杷树上黄澄澄的枇杷令人垂涎；莲雾树上一串串或红或粉的莲雾果与绿叶相间，色泽诱人；樱桃树的樱桃小巧可爱，如红宝石般点缀其间；鸡蛋果散发独特香气；橄榄树展示独特姿态。百香果藤蔓爬满架子，垂下一个个可爱的果子。

我们还特意将葡萄树和树葡萄种在了一起，孩子们满怀着好奇与期待，时刻关注着它们的生长。随着时间的推移，他们亲眼目睹了葡萄树那蜿蜒的藤蔓不断伸展，翠绿的叶子逐渐繁茂，一串串葡萄从米粒般大小慢慢长大、变色，最终变得晶莹剔透。而一旁的树葡萄，它的果实是直接长在枝干上的，这与葡萄有着极大的不同，孩子们在这种对比感知中，仔细地观察着它们的生长变化，从发芽到开花，从结果到成熟，每一个阶段都有着明显的差异。

他们在这个过程中不仅学会了观察和思考，更深刻地感受到了自然的神奇和美妙，在小小的心灵里种下了热爱自然、探索自然的种子。莲雾树上住进了一只只小鸟朋友，更是引发孩子们的热烈讨论，大家惊叹于鸟儿仅凭一张嘴就能造出如此精美牢固的鸟窝，简直是天才的建筑师。

孩子们常于果园前写生，他们用稚嫩的画笔描绘着那些形态各异的果树，有挂满果实的龙眼树，有开着美丽花朵的玉兰树，还有结满各种果子的其他树木。他们仔细地观察着每一片叶子的形状、每一颗果实的颜色和纹理，然后认真地在画纸上勾勒、涂抹。在这个过程中，他们与自然更加亲近，对美的感知也越发敏锐。他们画下的不仅仅是眼前的景象，更是他们心中对这个美好世界的独特认知和热爱。随着时间的推移，一幅幅充满童趣和想象力的画作诞生了，这些画作承载着孩子们的快乐时光和对幼儿园这片小天地的深深眷恋。每棵果树下都有孩子们亲自绘制的吊牌，充满童真与创意，我们将孩子的写生画做成一个个吊牌，吊牌上还有二维码，讲述着孩子们与这棵树的故事。果园，也因为孩子们的这些画作变得更加生

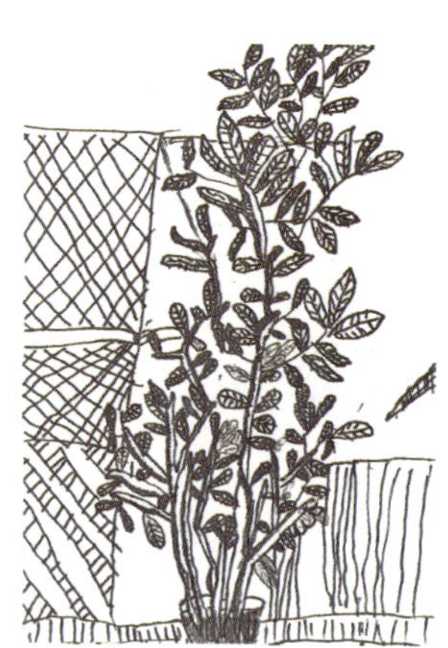

动而富有诗意。

饲养园里可爱的小动物们，鹦鹉、鸽子和小金鱼等，是孩子们每日必看望的好朋友。他们来这里聆听鸟儿歌唱，观看鱼儿游泳，给它们喂食。鹦鹉和鸽子每年春天都会下蛋，我们还特意制作了孵化箱、设计提示牌，让它们能在不受打扰的环境中孵化，也方便孩子们观察。一个个小生命的诞生，让孩子们惊呼不已，生命的成长与繁衍过程直观地展现在他们眼前，他们深刻体悟到生命的奇妙，感受着生命的延续与传承。

我们还有一处特别的空中种植园，宛如悬浮在空中的绿色天地，为孩子们开辟了独特的种植劳作体验区。这里每天都有幼儿忙碌的身影，他们亲手播种、浇水、施肥，看着幼苗逐渐成长，内心满是成就感。每天细致地做好记录，观察着四季轮回带来的奇妙变化，看着春天的嫩绿逐渐演变成夏天的繁茂，秋天的金黄又取代了夏天的葱郁，而冬天则带来别样的静谧；目睹那些忙碌的蜂蝶在花丛中欢快地飞舞，感受着自然的灵动与活力；他们与玉米比高矮，亲手为丝瓜搭架子，当收获巨大冬瓜时，心中满是狂喜，尝试着用其制作各种冬瓜美食。当发现长成的西瓜烂了，孩子们尝试各种办法解救西瓜，最终品尝到香甜西瓜。这一个个过程，孩子们不仅体验到了劳动的艰辛，更收获了无尽的快乐与对自然的热爱。

在这里，孩子们可以亲身体验到大自然的美妙与神奇，培养了他们的观察力和思考能力，激发创造力和想象力，促进社交能力的发展。这正如我们所追求的自然生长环境，是一个充满蓬勃生机与灵动野趣的所在。

（二）野趣户外场景巧创设

户外创设的天地是孩子们的梦幻乐园。山洞，仿佛带领孩子们进入了一个神秘的地下世界。他们在里面好奇地穿梭，想象着自己是勇敢的探险家，探寻着每一个可能隐藏着宝藏的角落。那草坡宛如一块绿色的柔软地毯，孩子们在上面尽情地滑落、嬉笑，感受着与大地亲密接触的快乐。攀岩墙则成为孩子们挑战自我的最佳场所，他们小小的身躯努力向上攀爬，每一个成功登顶的瞬间，都洋溢着满满的成就感。攀岩金字塔就像一座等待征服的神奇城堡，孩子们乐此不疲地攀爬、探索，展示着他们的勇敢和活力。戏水池的水清澈见底，孩子们在里面欢快地嬉戏、泼水、打水仗，浑身湿漉漉的也毫不在意，那快乐的场景让人羡慕。沙地更是孩子们发挥创意的绝佳之地，他们用小手堆起一个个独特的沙堡，创造着属于自己的小小世界。架空层里的“独木桥”设施，因为孩子们的勇敢尝试而变得生动起来。他们战战兢兢地踏上绳索、紧攥拉环，努力保持平衡，虽然偶尔会摇摇晃晃，但决不放弃，那努力的模样令人动容，其艰难前行的每一步都凝聚着勇气与毅力，如无畏的小勇士在挑战中成长、超越。

约
春
天

孩子们对屋檐滴水的兴趣，促使我们在南楼和西楼的交界处，精心打造了连廊雨水口——垭口。当雨水落下时，孩子们穿着雨衣在那里欢呼雀跃，感受着雨落的奇妙。他们在“水帘洞”中穿梭，仿佛进入了一个神奇的仙境，那纯真的笑脸如阳光般灿烂。

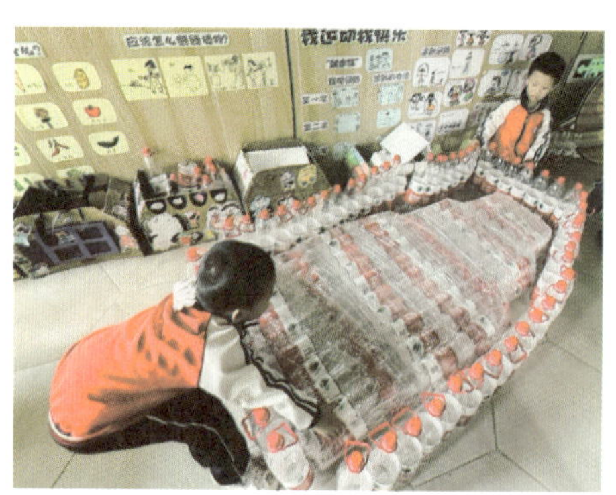

那艘由孩子们用集体智慧创造出来的矿泉水瓶船，是孩子们的创意大作，老师们为了满足他们让船游起来的愿望，专门设置了大型船舶游戏场。那艘船犹如一只灵动的水鸟，在水中轻盈地游动。孩子们在船上体验着船的摇晃和前进，感受着与水的亲密互动。他们的欢声

笑语在水面上荡漾，每一个好奇的眼神和兴奋的尖叫声都让这个游戏场充满了生机与活力。

这样的户外环境，不仅满足了孩子们的游戏需求，还激发了他们的探索欲望和创造力。在这里，孩子们可以尽情地释放自己的天性，与自然和谐共处，度过一个快乐而有意义的童年。

（三）“森系风”幼儿园的精心布局

“森系风”幼儿园的精心布局主要体现在以下三个方面：

其一，打造如真实自然生态般的场景，使孩子们犹如置身自然天地之中；

其二，在幼儿园的环境创设、氛围营造以及元素运用等方面均展现出自然的特质与韵味；

其三，将自然元素或各种自然材料的创作、布置与装扮融入幼儿园的各个角落与细节之中，让孩子仿若处在一个充满大自然、尽显生态之美的空间内。

大片大片的盎然绿意与质朴醇厚的木色相互映衬，班级内的环境也与自然深度融合，舒适的藤垫、古老的竹椅、别致的竹筐、木头的画框，一个个自然物结合的摆台和木制家具等元素，让孩子们仿佛时刻被自然温柔地环抱，营造出一种宛如真实森林般的迷人氛围。楼道处，水培、土培的绿植挂件错落有致地排列着，像是一串串绿色的珠帘，散发出清新宜人的自然气息。楼梯旁的小角落被巧妙地改造成了生机勃勃的小竹林，那翠绿的竹子笔直地挺立着，为幼儿园增添了一抹宁静与绿意。有的班级像个小果园，挂满了各种各样的水果，小草屋休闲站更是吸引了很多孩子的光顾。漫步在户外，那色彩斑斓的轮胎彩绘区、透明薄膜涂鸦区，是孩子们挥洒创意的舞台；那可爱的竹帐篷、童话世界般的四季花屋和森林小木屋，给孩子们营造出一方温馨

的小天地；那灵动的小喷泉，如跳跃的欢快音符，为整个场景增添了勃勃生机；而那紫藤花木栈道和蔷薇攀爬架则如两条优雅的丝带般静静矗立，让孩子们沉醉在自然花卉的美丽与雅致之中。在草地上，一个个色彩明艳的小风车欢快地旋转着，超轻彩泥塑造的小蘑菇点缀其间，可爱极了。

这些自然元素的精心布局与融合，全方位地展现了对孩子们自然成长环境的用心营造与深切关爱，为孩子们打造了一个令人陶醉的自然天地，让他们能在这里自由地呼吸、欢快地成长、尽情地探索。

（四）自然创意作品巧妙融合

在幼儿园的天地里，我们致力于将自然元素融入环境创设中，对自然材料、废旧材料予以高度重视并投入使用，让孩子们在其中展开艺术的创想。

当孩子们凭借着他们纯真而独特的视角，用小手创造出那些充满想象力的作品时，这些作品与幼儿园的环境相互交融、彼此映衬，共同构筑起了一个满是灵动与生机的空间。在这个空间里，处处闪耀着生态之美。每一个角落都仿佛在诉说着自然与孩子们的故事，每一处布置都彰显着和谐与美好的力量。

让我们去感受那独特的生态之美与孩子们无尽的创造力吧！

幼儿园里，随处可见孩子们用自然材料制作的创意作品。开学的第一天就如同开启一场奇妙的自然之旅，孩子们手持画笔画下自己新学期的小愿望，把内心的渴望与对未来的美妙想象装进心愿球和心愿瓶，然后他们满心欢喜

地将这些承载梦想的心愿球和风铃，挂在大树那苍劲有力的枝丫上。当微风轻拂，心愿风铃发出清脆悦耳的声响，似是在为孩子们的梦想吟唱赞歌，与周围的自然环境完美地融合在一起，呈现出无比和谐的景象。

孩子们还是创意无限的小魔法师，他们巧妙地利用形态各异的树枝精心打造出各式各样的精美相框，用五彩斑斓的石头耐心铺就如梦幻彩虹般的彩色石头小道，用形态万千的树叶巧妙拼贴出充满童趣的贴画，用娇艳欲滴的鲜花精心制作成栩栩如生的标本，用树枝做一棵开满鲜花的树，用橡皮泥做一只只可爱的小鸟放在鸟笼里，用麻绳做成的树林帘营造出神秘的森林意境，用一根根的小竹子神奇地搭建独特的植物生长架。在那充满希望的种植区里，孩子们精心呵护着自己种下的小植物，犹如对待最亲密的伙伴。为了让这些小生命在周末也能得到关爱，他们开动脑筋制作了自动浇灌器。还有他们创

意制作的四季花房、鲜花帐篷，吸引了众多孩子的关注。而这所有的一切，共同构成了一幅充满活力、童趣与希望的美妙画卷。

秋收冬藏

丰

（五）“森系风”幼儿园环境创设的价值和意义

1. 回归本真与培养探索精神：在“森系风”幼儿园环境创设中，大量运用自然材料和自然元素，营造出自然质朴的氛围，让儿童仿佛回到最本真的状态。在这种贴近自然的环境里，儿童与自然充分互动，好奇心被激发，他们在与自然元素的接触中不断发现新事物，勇于尝试和探究，培养积极探索的精神，为未来的成长奠定坚实的基础。

2. 儿童主导构建生态之美：让儿童成为环创的主人是“森系风”幼儿园环境创设的重要理念。他们能够大胆地运用自然元素、自然材料以及废旧材料进行充满创意的作品创作，并用这些作品对幼儿园进行装扮，让整个环境充满生态之美。在这个过程中，儿童的自主性和创造力得到充分发挥，他们对美的认知和构建能力也得到有效提升。

3. 儿童为本与快乐成长：整个环境创设始终围绕儿童为本的原则，注重融入童真童趣，打造具有野趣和自然特色的环境。在这样的环境中，儿童可以尽情地探索和嬉戏，在快乐的氛围中体验童年的美好和价值。他们能够自由地表达自己，释放天性，在与环境的互动中不断收获成长和进步，享受无忧无虑的童年时光。

4. 培养责任感与环保意识：通过设置果园、饲养园、种植园等区域，让儿童对所负责的区域和动物承担起照顾的责任，从而培养他们的责任感。在与大自然的亲密互动中，儿童对环保的意义有了更深刻的理解，他们意识到保护自然、爱护环境的重要性。这种环保意识的培养将伴随他们一生，使他们成为具有环保责任感的社会公民，为地球的可持续发展贡献力量。

总之，“森系风”幼儿园环境创设具有重要的价值和意义，它不仅能让儿童回归本真、快乐成长，还能培养他们的探索精神、责任感和环保意识，为儿童的全面发展提供了有力的支持和保障。

二、自主开放型学习场馆的打造

幼儿园倡导“大家孩子”与“大家老师”的共同体文化，致力于构建一个全园参与、共享资源的开放式教育场景，学习空间不局限于传统的“教室”，而是拓展至整个学园的开放式场馆，形成一个学习生态系统和多元互动的学习共同体。我们将其重新定义为一个大学习空间，这一空间具有丰富的可能性，师生均可自由使用。我们精心打造了六馆：博物馆、美术馆、绘本馆、生活馆、建构馆、光影探索馆，都以“芽儿”命名，它们以各自独特的方式为幼儿的自然生长提供着强大助力，共同构建了一个充满活力与可能性的开放空间，让幼儿在多元的体验中不断汲取知识、激发潜能。

（一）自主开放学习场馆的理念

“大家孩子，大家老师”理念，体现平等、合作的教育观，孩子和老师都是学习者，在开放场馆中可以自由选择老师进行互动，共同探索知识，相互促进成长，打破传统师生关系，让孩子在自由开放环境中充分发挥潜力。

（二）自主开放学习场馆的特点

1. 空间自由：学习空间不再局限于传统的“教室”，而是拓展至整个学园，形成无界的开放空间，让孩子们能够在广阔的范围内自由探索和交流。

2. 选择自由：孩子们可以自主选择喜欢的场馆、伙伴以及老师，这种自由选择能提升他们的社交能力和自主决策能力。

3. 互动与合作：场馆内的老师和孩子之间可以直接互动，共同探索和学习，培养合作精神和社交能力。

4. 儿童主导：鼓励孩子们自主参与场馆的创设，包括规则制定、场景布置等，充分发挥他们的自主性和创造力，让场馆真正成为他们自己的学习天地。

5. 主题动态：各场馆里孩子们可以在主题情境中深入学习和体验，根据孩子们的需求可以动态更换主题，且主题可随实际情况不断变化和更新，并在孩子们的参与下不断生成新内容和新的资源，使场馆充满活力并激发学习热情和探索欲望。

（三）自主开放学习场馆的打造

打造开放自主的学习场馆是一项充满创意与意义的举措。在这里，我们致力于为孩子们创造一个充满无限可能和自由探索氛围的学习场馆。通过精心规划和设计，我们打造了六个各具特色的场馆，它们如同知识的宝藏等待着孩子们去发掘。芽儿博物馆，将历史、文化与新奇的展品融合，激发孩子

们对世界的好奇与探索欲望；芽儿生活馆，让孩子们体验生活的多彩与奇妙，培养生活技能和情感认知；芽儿美术馆，是艺术灵感的源泉，孩子们在这里尽情挥洒创意，展现独特的审美；芽儿建构馆，给予孩子们空间去构建梦想，锻炼思维与动手能力；还有芽儿探索馆，带领孩子们走进科学的神秘世界，探索未知的奥秘；芽儿绘本馆则是充满故事与想象的角落，让孩子们沉浸在书的海洋中，汲取智慧与温暖。这六个馆共同构成了一个完整而丰富的学习环境，为孩子们的成长与发展提供了广阔的舞台。

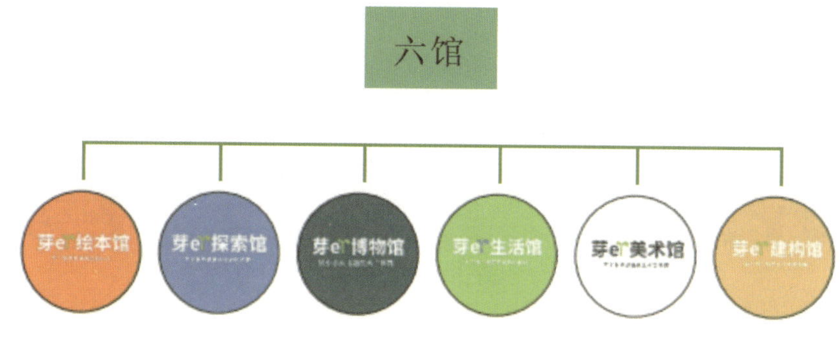

开放的教育馆

芽儿博物馆

芽儿博物馆，犹如一座承载着无限可能与魅力的知识殿堂，拥有着别具一格的运作模式。

置身其中，丰富多彩的博物形式让人目不暇接。那生动直观的图片展，不管是祖国的壮丽山河景色，还是各种精彩主题的呈现，都为孩子们开启了广阔视野之窗；安全展时刻敲响安全警钟，让孩子们牢记安全的重要性；摄影展呈现出孩子们眼中的美好世界，记录下生活里的精彩片刻；科普展更是涵盖广泛知识领域，宛如知识的浩瀚海洋等待孩子们尽情遨游探索；还有那充满浓浓年味的年味展，各类年的物品齐聚一堂，彰显出传统节日的独特神韵。

每一次场馆所需材料，皆是全园的小朋友、家长与老师齐心协力收集而来。孩子们与老师共同动手布置场馆，并且这些展览并非一成不变，而是依据孩子们的游戏和活动需求进行动态更替，以此确保始终能为孩子们提供最契合他们需求的丰富资源。

在“大家孩子，大家老师”这一理念的引领下，孩子们于这个场馆中享有极大的自主权。他们能自由选择伙伴，不论年龄和班级，大班的孩子可以和小班的弟弟妹妹携手合作，并给予帮助和讲解。他们还能自由选择老师，在有需要时随时与老师互动交流。此外，孩子们在与整个环境的互动过程中，充分展现出自身的主动性与创造性。这个场馆具备高度的自主性和开放性，孩子们可以按照自己的发现，动态地增添、填补或改变一些内容，使场馆更加多元且丰富。这里，就是孩子们自由探索、快乐学习、持续成长的自主开放动态学习场馆，它见证着孩子们的每一步成长与突破，为开放式和个性化的学习提供丰富的资源。

芽儿美术馆

芽儿美术馆，是一个充满魅力的开放自主学习场馆。

这里最大的特点便是拥有美术材料屋，屋里有琳琅满目的美术材料，涵盖各种绘画形式和工具，还有各种废旧材料等，孩子们可以毫无拘束地自行选择，以自己喜欢的方式尽情创作。同时，他们还能自由选择创作的伙伴以及场所，无论是在桌子上挥笔泼墨，还是体验扎染、涂鸦、彩绘、写生、印画、滚画等各种形式，抑或是进行废旧创意制作，都由他们决定。

再者，孩子们不仅能自由选择伙伴和场所，还能自主选择老师来获得针对性的帮助。而且，我们坚定地认为孩子们都是天生的艺术家，所以整个场馆的布置都采用孩子们的作品，这里完完全全属于孩子们。在这里，能够欣赏到来自不同孩子的充满奇思妙想的创意作品，当孩子们把自己的作品张贴展示在这个场馆中时，他们的自豪感油然而生。在这样一个自由且充满活力的空间里，孩子们尽情地释放着自己的艺术天性，用独特的创造力勾勒出属于他们的精彩世界。

芽儿绘本馆

踏入芽儿绘本馆，这里充盈着自主开放的气息。它处于学校中最为宁谧的地方，被蓝色格子桌布等极具艺术感的装饰温柔环绕。可爱的米老鼠灯光散发着温馨而柔和的光芒，头顶似如梦如幻的薄纱，为整个空间披上了奇幻的外衣。

在这里，有摆放整齐的桌子，孩子们可以自主选择在此端坐，安静地阅读自己喜欢的书本；有可爱迷人的小帐篷，那仿佛是孩子们自主选择的秘密城堡，他们可以钻进帐篷里，以自己独特的方式享受阅读的乐趣；还有舒适的藤椅，孩子们可以慵懒地靠在上面，以自己喜爱的姿态沉浸在书本的世界中；柔软的地垫则像一片温暖的港湾，孩子们可以随意地躺在上面，与绘本里的角色亲密相拥。每一处角落都仿佛散发着神奇的魔力。在这里，一切都由孩子们自主决定，他们可以自由地选择自己喜欢的书本，用喜欢的方式在心仪的场所里尽情地阅读，释放着属于他们的独特光芒。

芽儿绘本馆还犹如一座精致的袖珍图书馆。这里的借阅和借出流程皆由孩子们亲自制定，借出和归还的表格也是他们亲手自制的。馆内有蓝色柜子与粉色柜子，每个柜子的每一层都有着独特的标识，如蓝色柜子标有蓝色101、201、301等，粉色柜子亦是如此。这样独特的标识使得借阅记录和归还时的原位放置变得轻而易举，规则清晰明了。孩子们轮流担当管理者的角色，他们在亲身实践中深切体悟着书籍借阅的流程与规则，也愈发明白要如爱护自然中的珍宝般爱惜图书。这种对图书馆模式的精心模拟，与自然生长中对秩序的遵循完美呼应，促使孩子们自幼便养成良好的阅读习惯和规则意识，恰似自然万物顺应其内在规律和谐发展。

在这儿，一切都由孩子们自主管理。孩子们自主绘制规则，生动形象地展示借阅的具体要求，恰如自然中万物皆有其运行之道。每周还有班级进行绘本推荐并录制音频，这一系列的自主行动让孩子们在交往中自然而然地收获满满。他们学会了自我管理、团队协作，提升了诸多能力，孕育出了无数宝贵的经验和成果，如精彩绝伦的绘本推荐、妙趣横生的音频录制等。他们的成长恰似自然中树木的茁壮成长，充满了无尽的可能与蓬勃的生机。

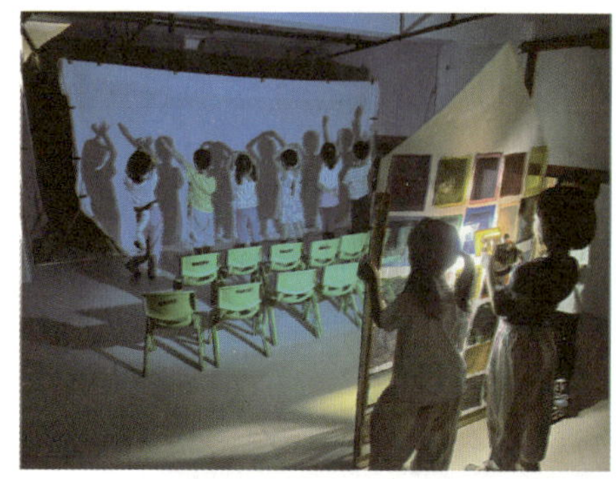

芽儿探索馆

芽儿探索馆无疑是孩子们极其喜爱且频繁光顾的独特所在。这是一间别具一格的小黑屋，一旦不开灯，便会完全被深沉的黑暗所吞没，而恰恰是这样的黑暗氛围，成就了光影探索的理想环境。

在馆内，不但有洁白的幕布，还有各种各样的灯光手电筒，更有诸多能使灯光变形、变色以及达成多种变化的辅助操作用具。孩子们能够在此大胆地进行各类尝试，他们借助这些辅助用具让光产生各种奇妙变化，并投射在白色幕布上，切实地领略到光影的丰富多样。孩子们于持续的探索进程中，更是充分展现出无尽的创造力与想象力。他们在这个奇妙的空间里，衍生出众多独特的课程，诸如舞台灯光表演、精彩绝伦的光影表演、活力四射的光影舞、引人入胜的光影戏剧、生动有趣的光影故事，以及独具一格的光影音

乐剧等等。这些丰富多彩的课程，为课程的发展与生长构建了众多可供探索的资源和场所支持。孩子们在其中尽情地释放自我，以光影编织出一个个奇幻的世界，不断挖掘自身潜力，尽情享受着探索与创造带来的无穷快乐与满足。

在这里，光影不只是一种奇妙的现象，更是孩子们开启智慧之门、展现自我的神奇钥匙，为他们热爱科学、持续成长与发展留下了难以磨灭的印记。同时，秉持着“大家孩子，大家老师”的理念，孩子们可以自主创意地开展各种与灯光相关的研发和探索，老师们则在一旁给予鼓励、引导和支持，共同营造出一片充满活力与创新的光影探索天地。

芽儿生活馆

芽儿生活馆是一个意义非凡的地方，它是集生活体验、美食制作与劳动实践于一体的综合性生活场馆。在这里，孩子们能够得到丰富多彩的体验。

孩子们可以在每周不同的食谱内容中，挑选出自己喜欢的食物，然后找到对应的擅长该美食制作的老师。这些老师凭借着各自的专长烹调技术，为孩子们带来生动有趣的美食教学。不仅如此，还会邀请充满爱心的妈妈和厨艺精湛的大厨爸爸来担任老师，让教学更加多元。孩子们进入场馆后会穿上可爱的小厨师服，戴上一次性手套，兴致勃勃地尝试制作美食。当他们完成制作后，还能品尝自己亲手打造的成果和美食，这种成就感不言而喻。

在这个场馆中，若孩子选择明日制作蛋挞，他们会主动去了解蛋挞的制作过程，并在活动中与老师们一起探讨、商定如何制作蛋挞，充分发挥自己的主动性和创造性，在实践与思考中不断成长。芽儿生活馆为孩子们提供了一个充满乐趣与挑战的空间，让他们在这里尽情释放对生活和美食的热爱。

芽儿建构馆

芽儿建构馆是一个充满无限可能的创作之地，这里人人都可以成为建筑师。

丰富多样的建构材料，与通过收集而来的废旧物品完美融合，共同构成了孩子们创意的无尽源泉，给予他们广阔无垠的想象空间和无限的创作可能。建构展示墙上，从各式各样的楼房到形态各异的桥，从风格独特的塔到诸多空间立体的材料图片等，无一不在为孩子们的搭建之旅提供强大的资源支持。

特别是当混班混龄的孩子们在这里游戏的时候，那场面更是充满活力与新奇。不同班级、不同年龄的孩子会聚一堂，他们相互交流、相互学习。年龄小的孩子好奇地观察着哥哥姐姐们的创意与技巧，从他们身上汲取经验；年龄大的孩子则展现出责任感与领导力，带着弟弟妹妹们一同探索建构的奥秘。他们共同面对挑战，一起解决问题，在合作中建立起深厚的友谊。在这个过程中，自主开放的氛围被体现得淋漓尽致，每个孩子都能自由地发挥想象，大胆地尝试与创造。

芽儿建构馆还有一个独特之处，那便是每当孩子们呈现出精彩的建构成果时，老师们都会悉心拍照留存。这些照片不仅仅是孩子们努力与创意的见证，更为重要的是，大班孩子们的成果能够成为小中班孩子们学习与参考的范例，进而营造出一个良好的相互学习、共同成长的氛围。在这个氛围中，不同年龄段的孩子通过对他人作品的观察，汲取着灵感与经验，不断提升着自己的建构水平与思维能力。芽儿建构馆真正成为孩子们快乐成长、智慧交融的温馨港湾，见证着他们在建构之路上不断探索、持续成长的美好历程，让自主开放学习在这里得以充分展现与升华。

（四）自主开放学习场馆的价值

自主开放学习场馆具有多方面的重要价值。

首先，它为孩子们提供了高度自主的学习空间，使他们能够根据自己的兴趣和意愿去选择和探索，极大地激发了孩子的内在学习动力和积极性。

其次，丰富多样的材料和无拘无束的创作环境，有利于培养孩子的创造力和想象力，让他们能够自由地表达和展现自我。

再者，这种模式打破了班级和年龄的限制，促进了不同孩子之间的交流与合作，提升了他们的社交能力和团队协作精神。

同时，教师以平等的身份参与其中，能够更好地了解孩子的个性特点和发展需求，为个性化教育提供有力支持。

最后，这样的场馆有助于培养孩子的独立思考能力和解决问题的能力，让他们在自由探索中不断成长和进步，为未来的学习和生活奠定坚实的基础。它真正体现了以孩子为中心，尊重孩子个性发展的教育理念，对孩子的全面发展有着不可估量的积极影响。

三、自然教育情境的独特创设

自然教育情境的创设是在教育进程中，特意营造出与自然紧密相关的场景，旨在促使学习者能在贴近自然状态的环境里去真切感受、深入体验并扎实学习，进而推动其实现全面发展的一种独具特色的教育手段。

自然：旨在自然生活中创设教育情境，让幼儿能在自然的环境中亲身感受、真实体验、探究学习。

自主：注重创设宽松的教育情境，培养幼儿的自主性。即幼儿通过参与环境创设、游戏和管理等活动，提升其自主能力和责任感。

自得：关注幼儿的自我规划、自我学习和自我满足感，通过营造有成就感的氛围，灵活地给予空间和各类支持，鼓励幼儿将想法付诸实践，在自我探索中实现成长。

三种教育情境创设对比

教育情境	自然	自主	自得
主体感受	对自然的亲近与感悟	自我主导与掌控	自我满足与愉悦
培养重点	自然认知、环保意识	自主能力、决策能力	内在动力、积极心态
环境特点	贴近自然的场景	宽松自由的氛围	充满成就感的氛围
学习方式	观察、体验自然	自主选择与探索	自我反思与享受成果
对幼儿影响	丰富情感、敬畏自然	提升自信、独立思考	增强幸福感、乐观精神

（一）自然的教育情境创设

自然的教育情境蕴含在丰富而多元的幼儿生活的方方面面。在一日生活环节中，我们将日常生活视为珍贵的课程资源，每个日常环节都可成为自然教育的生动情境。在鼓励幼儿自己的事情自己做中培养幼儿的生活自理能力，促使幼儿养成良好的生活习惯，在日常点滴中实现自然成长。

同时，我们要敏锐地关注身边发生的各类事情，无论是同伴间的互动、班级里的动态、幼儿园内的各种情形，还是园外幼儿感兴趣和关注的事物，都可巧妙地转化为教育情境，引导幼儿在这些情境中获取知识、学会解决问题，从而推动心智的不断发展。如，当幼儿发生同伴冲突时，引导其尝试协商解决；当幼儿对地震等现象感到恐惧时，引导幼儿在演练情境中学习应对之策。

动植物观察是自然教育情境创设中极为重要的一环。通过带领幼儿走进小果园、饲养园、植物园，让幼儿亲身观察那些细微的变化，如菜上的虫子、西瓜的腐烂、小鹦鹉生蛋等，仔细感受动植物形态与习性的改变，使幼儿深刻感悟到生命的多样与神奇，进而学会尊重和顺应生命的发展规律。

节气变化的感知同样不可或缺。引导幼儿亲身感受不同节气所带来的气温、昼夜长短等自然变化，能够加深他们对自然界气候变化的认识和理解；通过春分竖蛋、冬至包饺子等兼具趣味性和教育意义的节气主题活动，能让幼儿真切体会自然的节律，学会与自然和谐共处。

丰富多彩的户外游戏活动也为幼儿提供了广阔的学习空间。在户外游戏情境中，幼儿可以在相互学习、探索和挑战中不断成长。教师精心创设如“小小攀爬王”“我们的战舰”等不同情境的户外游戏，让幼儿在运动中尽情释放活力，提升协调能力和创新能力。

此外，引导幼儿参与种植劳作亦具有深远的教育意义。通过让幼儿亲身参与简单的种植、播种、浇水、观察、养护以及收获等田园劳作环节，能使幼儿全程体验种植过程，让幼儿充分领略劳动的乐趣，在实践中培养他们的耐心和责任感，从而提升幼儿对自然的认知与尊重。

自然教育情境的创设，可以将多方面内容融合，为幼儿打造一个全面、生动且富有意义的成长环境，引领他们在自然与生活中成长。

自然的教育情境创设

内容	描述	相关活动举例	与自然生长理念相关联
一日生活环节	将日常生活视为课程，把日常生活环节当作自然教育情境。	培养幼儿自己穿衣、洗漱、进餐等自理能力，养成良好生活习惯。	让幼儿在日常情境中自然成长。

身边发生的事	幼儿身边园内外发生的各类事件、冲突转化为教育情境，引导幼儿在情境中解决问题等，促进心智发展。	如在同伴冲突情境中引导幼儿协商解决等。	让幼儿在具体情境中学会应对。
动植物观察	引导孩子们在小果园、饲养园、植物园观察，感受变化。	带孩子们去小果园、饲养园、植物园观察动植物的形态、习性等变化。	让幼儿感受生命的多样与神奇，尊重和顺应生命发展。
节气变化感知	感受不同节气带来的自然变化，如气温、昼夜长短等。	开展春分竖蛋、冬至包饺子等节气主题活动。	让幼儿体会自然节律，学会与自然和谐共处。
种植劳作参与	参与简单的种植、浇水、收获等种植劳作。	开辟班级小菜园，领养果树参与种植全过程。	让幼儿体验劳动的乐趣，培养耐心和责任感。

（二）自主的教育情境创设

1. 创设自然情境，让幼儿成为环境创设的主人

在我们的幼儿园里，环境创设践行着这样一个美好的理念：幼儿园是孩子们的，一切环境创设由他们说了算。幼儿可以按照自己的意愿将幼儿园布置成自己喜欢的样子，他们能够对幼儿园、对班级的装饰、布置提出自己独特的想法和建议，还可以按照自己的喜好选择玩具、摆件来装点班级和幼儿园的角落。他们拥有自主决定展示内容和方式的权利。

如，幼儿能亲自参与小果园、种植园、饲养区的标识制作。他们用充满童趣的画笔，绘制出一个个可爱又独特的标识，代表着他们对这些区域的理解和喜爱。解说词也由幼儿自己录制而成，那稚嫩而真诚的声音，讲述着他们与这些地方的故事。将这些解说词生成二维码，放置在幼儿园的各个角落，当来访的客人扫码聆听时，仿佛能感受到幼儿满满的热情和自豪。

场地示意图也由幼儿主导绘制，他们用自己的视角展现出幼儿园的布局，那或许不是最标准的，但一定是最具童真和创意的。老师们还鼓励幼儿用老师们的照片进行写生，然后将这些作品布置在教室墙上，成为一道独特的风

景线。这不仅锻炼了幼儿的绘画能力，更让他们对身边的人有了深厚的情感联结。

在学园的部分楼道里，我们布置着幼儿在户外体育活动中创意萌发的游戏内容，那是他们智慧与活力的体现。幼儿园的其他孩子自发地进行投票，选一选最喜爱的、最有创意的户外游戏设计。有的楼道里是幼儿的日记画，展示着每月生活与游戏中留给他们最快乐的瞬间。在这里，无论是户外场地、室内、楼道旁还是班级里，都随处可见幼儿创作和参与布置环境的身影。任何一面墙，都是幼儿精心打造的作品，它们或是充满奇思妙想的画作，或是别具一格的手工。幼儿用自己的努力和创意，让幼儿园的每一个角落都焕发出独特的光彩。

因为有了老师们这一个个教育情境的创设，使得幼儿真正成为幼儿园环境创设自主的参与者与创作者。他们在属于自己的幼儿园天地里尽情发挥，用自己的双手和想象构建出充满童趣和温馨的环境。我们坚信，给予幼儿充分的信任和空间，他们将会创造出更多令人惊喜的美好。幼儿园的每一处都闪耀着他们的智慧光芒，见证着他们自然生长的历程。让我们继续守护这份宝贵的自主，让幼儿在自由与创造中持续生长。

2.创设自然情境，让幼儿成为自主的生活管理者

在幼儿园里，教师们致力于创设各种教育情境，助力幼儿成为自主的生活管理者。

所谓自主的生活管理者，首先是幼儿能够做到自己的事情自己做。这意味着幼儿能学会熟练地自己穿衣、吃饭、整理物品等，在日常生活中展现出独立的一面。为了进一步培养幼儿的自主管理能力，我们还专门设计了一些轻便的清洁工具，如小拖把、小扫把等，以便幼儿能亲自动手整理活动室。尽管幼儿的清洁效果可能不尽如人意，甚至需要保育员进行后续的清理工作，但我们坚决认为不应剥夺幼儿自主管理及自我锻炼的机会。因为在这一实践过程中，幼儿所收获的体验和成长是无比珍贵的。他们在尝试中学会如何去做好一件事，在不断实践中提升自己的能力。

幼儿还会对班级认养的果树尽心照顾，从浇水、施肥到观察生长状况，

都亲力亲为地进行管理，表现出高度的责任感。对于自己的种植园地，幼儿更是在用心照料中感受着生命的神奇与美好。此外，他们还积极参与班级生活中诸多规则的制定，这些规则都是幼儿智慧的结晶。他们不仅会自己制定计划并严格按照计划去行动，还会监督规则的执行情况，在这个过程中不断进行自我反思与调整，从而持续提升在生活中自主管理的能力。在绘本馆图书借阅管理中，幼儿也充分展现其自主性。他们自主进行图书的借阅记录、统计和整理工作、互相交流喜爱的故事。每月一次的班级自助餐活动中，幼儿亦能分工合作，共同参与规划，从环境布置到食材准备，再到餐桌礼仪与值日安排，他们在享受美食的同时，也实现了多元化的发展，真正成为自主的管理者。

在幼儿园的日常生活中，幼儿还需学会基本的生活技能，如自己盛饭、倒豆浆、清洗餐具等。虽然初始阶段他们的表现可能并不完美，但通过不断的尝试与实践，他们逐渐掌握了这些技能，并提升了自我管理的能力。每周的烹饪与帮厨活动也为幼儿提供了实践的机会。如，向厨房的叔叔阿姨学习洗菜、剥蒜等处理食材的小技能，尝试使用简单的厨房工具；在爱心家长的协助下为同伴制作美食，从而更加深入地体验到生活的乐趣与责任。这样的教育情境创设使得幼儿逐渐成为生活的主导者，他们勇于面对各种挑战，以自己的方式探索和管理生活，也为他们未来的人生道路奠定了坚实的基础。我们坚信，只要给予幼儿充分的信任和机会，他们必将展现出更加出色的能力，成为能够自如应对生活的强者。

3. 创设自然情境，让幼儿成为自主游戏的主人

游戏小主人，特指在游戏中表现出高度自主性和主导权的幼儿群体。他们能够完全依据个人的意愿和构想参与游戏，游戏内容的构思及具体实施的所有细节，包括选择游戏伙伴以及在游戏过程中的自我管理，均是由他们自己独立决策并执行。在幼儿游戏过程中，教师以儿童视角，全面创设赋予幼儿自主选择、自主支配、自主发现、自主探索和自主学习的教育情境，鼓励并支持幼儿以积极主动的态度参与到游戏中，使幼儿能够充分展现其强烈的探索欲望和创造力。在这样的游戏环境中，幼儿能够不断发掘自我、锻炼能

力、收获乐趣。

例如，当元旦来临，在教师精心营造的教育情境中，一场别开生面的动漫装扮秀拉开帷幕。幼儿满怀兴奋与热情，他们凭借自己的喜好自由地选择想要扮演的动漫角色，认真挑选与之匹配的服装，更有甚者充分发挥自己的动手能力，亲手制作出独一无二的精美服饰；他们自主挑选契合表演氛围的音乐，热烈地讨论表演的具体形式和细节；自行推选充满自信的主持人来掌控全场节奏，选出富有创意的灯光师来营造奇幻的舞台效果，还积极踊跃地参与竞选以确定节目的顺序，就连活动的摄影师也是幼儿自己来承担。整个过程中，幼儿是绝对的主角，他们主宰着这场游戏盛宴，在成为游戏小主人的过程中释放无限活力与潜能，体验到无与伦比的快乐和成就感，也在不知不觉中得到了全方位的成长和进步。

通过这些自主的游戏情境创设，幼儿真正成为学习与成长的主导者，他们在自主中探索、发现、学习、成长，为未来的发展奠定了坚实的基础。我们相信，在这样充满自主氛围的教育环境中，幼儿们将绽放出更加绚烂的光彩。

（三）自得的教育情境创设

自得的教育情境意味着学习者在情意自主、认知自主、行动自主的学习情境中，呈现出不断进行自我建构、融通的学习过程和学习状态。所以，在活动中教师应该创造一个能够让幼儿自我规划、自我学习、自我获得、自我满足的教育情境，从而让幼儿在动态式、阶梯式的教育情境和成长进程中实现自我发展。

教师需要为幼儿提供灵活且开放的心理和物质空间，鼓励幼儿将对生活的关注以及设计的创想进行实践探索，把想法付诸行动，进而实现自我规划和自我学习。如，当属于幼儿的芽儿博物馆建立之后，经过集体讨论，幼儿决定要举办一场主题为“我们的小伙伴”的摄影展。随后，幼儿积极参与了此次活动的探讨、规划与执行。他们共同商议了摄影的器材选择、拍摄主题、拍摄地点、拍摄姿势，以及所需的道具和材料等一系列关键问题。在这一探索中，教师与幼儿携手合作，将拍摄的种种创想转化为现实，共同搭建了摄影棚，并配置了多样化的摄影器材。幼儿们通过调查、规划及准备工作，尝试使用微单相机、手机等设备进行摄影实践。在这一过程中，他们有机会深入体验自己感兴趣且有教育价值的话题，并领悟到任何任务的完成都需要时间和持续的努力。在为期 21 天的探索期间，他们不仅模仿名画进行了创意装扮摄影，还通过自由组合与协商，拍摄出了富有创意的合影，这些作品不仅展现了他们的无限想象力，也捕捉到了同伴间的深厚友谊与欢乐时光。此外，幼儿们还大胆尝试了“小人国”主题的创意摄影，利用近大远小的视觉原理，拍摄出了如“我们可以站在杯子里”“一只手就可以把我拎起来”“我比苹果小”等极富趣味性和创意性的照片。这次独特的摄影体验，让幼儿在发现问题、解决问题的过程中，不断地进行规划、探索、调整，不断地克服各种困难和挑战，不断激发他们的内在生长力，收获了多种有益的经验，发展了经验的迁移运用能力，从而有效地实现了自我规划、自我学习、自我收获、自我满足，这便是自得的教育情境创设。

篇章四

教师之变

——生长型教师素养培育

一、从传统型到自然生长型教师的转变

在“自然生长”这一理念下，教师的角色不再是传统意义上的单一模式，而是经历着显著的转变。这种转变对于幼儿的成长和发展有着至关重要的影响。

（一）自然生长理念下对教师提出的新要求

第一，教师必须深刻领悟并全力践行尊重每个幼儿的个体差异和自主性，充分理解每个幼儿都是独一无二的，有着自己独特的绽放方式，尊重他们天然的发展倾向和自主选择的权利，以包容的心态对待每一个幼儿，让他们能够按照自己的天性和节奏自由地生长。

第二，教师要具备极其敏锐的观察力，如同灵动的探测器，能精准捕捉到幼儿在自然生长过程中细微的变化、兴趣的萌动和潜力的闪现，根据他们的实际情况提供适宜的支持和引导。

第三，教师要善于营造契合自然生长理念的氛围和情境，打造一个宽松、自由、充满爱与鼓励的空间，打造有利于幼儿学习和游戏的教育情境，强调激发幼儿内在的学习动力和兴趣。让幼儿在积极参与和探索中体验到学习的乐趣和成就感，从而逐渐形成积极主动的学习态度和持续学习的动力，为他们未来持续学习和发展奠定坚实的基础。

第四，教师要不断提升自身的沟通和协调能力，以平等、友善的姿态与幼儿交流互动，协调好幼儿之间以及与各种环境因素的关系，助力他们的自然发展。要注重幼儿合作能力的培养，创设合作学习和活动的机会，让幼儿在与同伴的互动和合作中学会沟通、协商、分享和互助，培养他们良好的团队合作精神。

第五，教师还要坚持不懈地学习，不断更新教育理论，在自然生长理念的指引下，以先进的理念武装自己，更好地引领幼儿在自然的轨道上茁壮成长。

（二）自然生长理念下教师角色的转变

1. 从标准设定者到多元包容者

教师不再简单地依据统一的标准来衡量和要求幼儿，而是充分认识到每个幼儿都有其独特的天赋、兴趣和发展节奏，尊重并接纳幼儿之间的差异，不再试图将所有幼儿都塑造成一个模式，为幼儿的个性展现和多元发展提供宽松、包容的环境，鼓励他们在各自擅长和感兴趣的领域中自由探索和发展，让每个幼儿都能绽放属于自己的独特光彩。

2. 从学习主导者到自然引导者

摒弃教师主导教学和游戏活动的教学方式，不再规定幼儿统一的学习路径和方法，而是敏锐地观察幼儿的行为表现和发展需求，依据幼儿的自然发展进程，在恰当的时机以巧妙的方式进行引导，激发幼儿自身的探索欲望和内在动力，让他们在自然的状态下主动地去学习和发现，逐步培养他们的自主学习能力和解决问题的能力。

3. 从知识传授者到发展促进者

不再将教学活动视为唯一的重点，而是将视角拓展到幼儿的全面发展上。不仅关注知识的传授，更注重幼儿在情感、社交、品德等多方面的发展。通过创设各种有益的情境和活动，为幼儿综合能力的提升搭建平台、提供全方位的支持和帮助，促进幼儿身心的全面健康成长。

4. 从成果关注者到过程推动者

不再仅仅把目光聚焦在幼儿最终取得的成果上，而是更加重视幼儿学习的整个过程。在这个过程中，注重培养幼儿的兴趣和积极态度，特别是良好的合作能力。引导幼儿在学习过程中体验乐趣、收获成长，鼓励他们勇于尝试、不怕失败，让幼儿在过程中逐渐形成坚韧的品质和积极的心态。

5. 从秩序维护者到规则引导者

不再是单纯地维护一种刻板的秩序，而是致力于营造一种基于尊重、关爱和合作的生态秩序。通过引导幼儿理解规则的意义和价值，帮助他们自主建立良好的秩序感。在这个过程中，增强幼儿的规则意识和自律能力，让他们明白秩序的重要性并自觉遵守，同时也能在有序的环境中自由地表达和发展。

6. 从间断学习者到终身学习者

教师自身要从一个间断性学习者的角色转变为一个终身学习者，持续不

断地学习和提升自己，不仅要在专业知识和技能方面不断精进，更要在教育理念、教育方法等方面与时俱进，用自己的实际行动向幼儿展示终身学习的意义和价值，培养幼儿自主学习的意识和能力，为幼儿树立起终身学习的信念和追求。

自然生长理念下教师角色转变

转变前角色	转变后角色	与自然生长教育的关联	对幼儿发展的意义
标准设定者	多元包容者	自然生长教育注重尊重个体差异，包容多元，摒弃单一标准。	促进幼儿个性发展与创造力提升。
学习主导者	自然引导者	倡导顺应幼儿自然发展规律引导学习，而非指挥式。	增强幼儿自主学习与探索精神。
知识传授者	发展促进者	强调关注幼儿全面发展，而非教学主导一切。	推动幼儿综合能力与社会适应力发展。
成果关注者	过程推动者	更重视学习过程，而非仅关注成果。	培养幼儿学习兴趣、积极态度与合作能力。
秩序维护者	规则引导者	突出生态秩序，引导幼儿建立秩序感。	强化幼儿规则意识和自律能力。
间断学习者	终身学习者	体现自然生长教育对终身学习能力培养的重视。	助力幼儿树立终身学习态度与自主学习能力。

（三）自然生长理念下教师角色的转变历程

自然生长理念下教师角色的转变并非易事，也并不能在短时间内迅速完成，而是在自然生长理念的持续影响下，经历一个逐步推进、不断深化的过程。在这个过程中，教师需要不断地反思、调整和进步，从而更好地适应和践行这一教育理念，为幼儿的健康成长和全面发展创造更有利的条件和环境。

传统阶段：教师以知识灌输和严格规范为主，幼儿的自主性被严重限制，自然生长理念基本未体现。

过渡阶段：教师通过对自然生长理念的学习，开始尝试在一定程度上给予幼儿自主空间，比如在一些活动中允许幼儿有一定的自主选择和决定，但同时仍会有不少干预和引导行为，比如会不自觉地设定较多框架或及时纠正幼儿的某些行为，整体在自然生长理念的融入上还处于初步探索阶段，尚未完全放手让幼儿自由发展。

发展阶段：教师将自然生长理念全面融入幼儿的一日生活中，成为幼儿在生活各方面自主探索的鼓励者和支持者，注重激发幼儿的兴趣和内在动力，引导幼儿在生活中按照自身的节奏和方式自然发展。

深化阶段：教师深入践行自然生长理念，不仅在一日生活中充分体现，更是幼儿心灵成长和个性发展的细腻呵护者，能够敏锐捕捉幼儿的各种需求并给予最恰当的回应，让幼儿在自由、宽松、关爱的环境中自然而充分地成长。

教师角色转变历程

阶段	转变历程
传统阶段	教师主要作为知识传授者，较为强调知识的灌输。
过渡阶段	开始意识到要关注孩子的个性与兴趣，角色向引导者转变。
发展阶段	更注重激发孩子的自主探索，成为学习的启发者和陪伴者。
深化阶段	强调与孩子的平等互动，成为共同学习者和合作者。
成熟阶段	完全融入自然教育情境，成为多元角色的融合体，如观察者、支持者、环境创设者，全面促进孩子自然生长。

二、自然生长型教师专业素养提升路径

（一）自然生长型教师宣言

自然生长理念倡导每一位教师都以坚定而真挚的信念，在这里发出属于自己的宣言。这宣言，如同照亮前行道路的明灯，指引着教师们在专业素养提升的道路上不断迈进，追求卓越。

自然生长型教师宣言

宣言要点	具体内容
幼儿潜力	我相信每颗种子都有向上生长的可能，我相信每一个幼儿都有向上生长的力量。

适宜引导	我相信给予幼儿适宜的倾听、解读、支持，他们就能成为最好的自己。
生活成长	我相信在生活中幼儿能通过各种经历获得智慧与成长，感悟生命的美好与多样。
自然成长	我相信在自然中幼儿能与万物和谐共处，从自然的奥秘中汲取无尽的力量和灵感。
游戏意义	我相信游戏能让幼儿充分展示童真，在游戏中快乐学习与成长。
尊重兴趣	我相信尊重幼儿兴趣，让其自由选择活动，他们会在热爱中展现无限活力，也会在游戏中释放天性，快乐成长。
多元活动	我相信让幼儿积极参加各类活动，如节日、节气、大型活动等，能使其获得丰富体验，培养多样情感，在活动中快乐成长与发展。
活动设计	我相信根据幼儿兴趣与成长特点设计活动，能有力地推动他们不断进步，游戏融入能激发其主动性。
教育途径	我相信通过恰当的方式，如启发、引导、互动等，能助力幼儿更好地学习与发展，游戏是其中最有效方式。
尊重陪伴	我相信尊重、敬畏幼儿生长力量，耐心等待和陪伴，能让教育之花更绚烂，游戏能更深度连接。
持续学习	我相信持续学习，并靠近幼儿，用真心理解他们，游戏能走进他们的内心世界。
成长统一	我相信生命生长的内外力量相辅相成，理解教育能使其自然与社会性生长统一，游戏是融合的桥梁。
责任担当	我相信发现幼儿生长点、打造适宜平台、增强生长力，是我们义不容辞的责任，游戏情境为其生成提供契机。

（二）鼓励老师们像树一样生长

1. 向下扎根，向上生长

根深才能叶茂，教师应如大树般向下扎根、向上生长。向下扎根意味着教师要不断学习丰富的相关知识和理论。在自然生长理念下，教师需要深入学习儿童心理学、教育学的最新研究成果，如同树根深深扎入土壤去汲取这些知识的营养，从而能更科学地理解幼儿的心理和行为，为教学提供坚实的理论基础。还要广泛涉猎各学科领域的知识，无论是自然科学、人文社科还是艺术领域，都能有所了解，这样才能在教学中旁征博引，让教学活动变得丰富多彩。同时，教师还要积极参加各类专业培训，学习新的教学方法和策略，如项目式学习、深度学习、合作学习等，以适应不断变化的教育需求。

向上生长则要求教师不断追求进步和提升。要勇于尝试新的教育技术，如利用虚拟现实、人工智能等提升教学效果和幼儿体验。关注教育政策的动态变化，积极响应并将其融入日常教学中。面对自然生长理念对教师提出的新要求，比如更加注重培养幼儿的自主学习能力、创新思维等，教师要不断调整自己的教学思路和方法，努力向上探索，寻找最适合幼儿的教育途径。

2. 持续生长

树的生长没有起跑线，也没有终点，只要怀有教育的梦想，持续地生长，就能越来越靠近蓝天。持续生长意味着教师要有一种持之以恒的学习精神和自我提升的动力。教师需要不断拓宽自己的知识领域，不仅仅局限于自己所教授的学科，还要对其他相关领域保持好奇心和探索欲。比如深入了解跨学科知识，将不同学科的内容融合到教学中，培养幼儿的综合素养。同时，要不断反思自己的教学实践，总结经验教训，及时改进不足之处。持续关注教育前沿动态，参加学术研讨会、教育论坛等活动，与同行交流分享，汲取新的思想和灵感。要不断挑战自己，设定新的目标和任务，在不断突破中实现持续的成长和进步。在这个过程中，教师要时刻牢记自然生长理念教师宣言，以其为指引，不断完善自己，适应时代对教师的新要求。

3. 个性生长

没有两棵树是一模一样的，每个教师潜力不同、特点不同。会开花的树是幸福的，能绽放的树是美丽的，有果实的树是富有的，即便不能开花结果，有爱、乐生长、懂分享，也是幸福的。我们应该在教师遵循教育基本规律的前提下，充分发挥自己的独特个性和优势。每个教师都有自己的教学风格、兴趣爱好和特长，要善于将这些转化为教学中的特色。比如，有的教师擅长运用生动有趣的故事讲解知识，有的教师在艺术领域有独特的造诣可以融入教学，有的教师善于引导幼儿自主探究等。教师要根据自己的个性特点，创

新教学方法和手段，打造属于自己的教学品牌。同时，要尊重每个幼儿的个性差异，因材施教，让每个幼儿都能在教师的个性引导下得到充分发展。个性生长也体现在教师的职业发展道路选择上，有的教师可能更倾向于教学研究，有的可能更热衷于教育实践创新，教师要根据自己的内心追求，走出一条适合自己的个性化发展之路。在个性生长的过程中，要与团队成员相互学习、相互促进，共同营造一个多元、包容、富有活力的教育环境。

（三）为教师的成长助力

树木需要阳光雨露，也需要肥沃的土壤。为了给教师的成长助力，使其能够在生长教育之路上不断前行、绽放光芒，我们精心策划并组织了一系列丰富多样且极具针对性的活动与举措。

1. 多平台助力

在教师的成长方面，我们提供了多样的平台，助力教师成长。我们组织了教师角色转变思想碰撞会，让教师们就如何更好地实现角色转变展开深入讨论，大家积极分享各自的理解和宝贵的实践经验，搭建了交流协作平台，分享在自然生长理念下成功引导儿童成长的案例，并进行细致的分析和研讨。如：自然成长案例分析会，让专业提升平台发挥重要作用；创新教学方法探索营鼓励教师大胆尝试各种新的教学方法，以适应从知识传授者到启发引导者的转变；个性培育策略工作坊，让教师共同探讨针对不同个性儿童的培育策略和方法；同时举办过程关注记录展，教师们展示自己在关注儿童活动过程中所做的详细记录和分析。此外，多元评价体系构建研讨会，促使教师们一起深入研究如何构建更完善的多元评价体系；在创新实践平台上，儿童自主探索陪伴实践周让教师在一周内重点实践如何更好地作为宽松支持者陪伴儿童自主探索；启发引导情境创设分享，则激发教师们比赛创设能够有效启发引导幼儿的情境。特别值得一提的是个性儿童成长跟踪项目，教师们分组对具有典型个性的幼儿进行长期跟踪和指导，并不断总结经验。

多平台助力教师成长

活动名称	具体内容	体现平台
教师角色转变思想碰撞会	组织教师就如何更好地实现角色转变展开深入讨论，分享各自的理解和实践经验。	交流协作平台
自然成长案例分析会	教师分享在自然生长理念下，成功引导儿童成长的案例，并进行分析和研讨。	交流协作平台 专业提升平台
创新教学方法探索营	鼓励教师尝试各种新的教学方法，以适应从知识传授者到启发引导者的转变。	创新实践平台
个性培育策略工作坊	共同探讨针对不同个性儿童的培育策略和方法。	专业提升平台
过程关注记录展	教师展示自己在关注儿童活动过程中所做的详细记录和分析。	交流协作平台
多元评价体系构建研讨会	一起研究如何构建更完善的多元评价体系。	专业提升平台
儿童自主探索陪伴实践周	教师在一周内重点实践如何更好地作为宽松支持者、陪伴儿童自主探索。	创新实践平台
启发引导情境创设分享	分享创设能够有效启发引导儿童的情境。	创新实践平台
个性儿童成长跟踪项目	教师分组对具有典型个性的儿童进行长期跟踪和指导，总结经验。	专业提升平台

案例 1：新学期教师助力活动

一、活动主题

“新学期，新征程，共成长”

二、活动目标

助力教师在开学第一天快速融入新学期活动，明晰发展方向，实现自我提升。

三、活动内容及流程

（一）开场游戏活动：精心组织轻松有趣的游戏，促使教师们迅速沉浸于新学期氛围中。

（二）榜样助力：全面展示园内优秀教师的光辉事迹与卓越成就，传递积极能量，激励教师们以榜样为引领努力奋进。

（三）自我反思：教师们通过小组互动的形式，深入反思个人的优势与不足。

（四）专家互动与方法助力：邀请现场专家与教师展开互动交流，为教师探寻改进和提升自我的有效方法。

（五）目标设定：教师依据自身实际情况确立小目标，并将其书写在贺卡上，精心布置“新学期小目标”专栏。

（六）目标分享：推动教师间相互分享目标，增进年段间的相互了解与支持。

（七）园所助力：园所深入了解教师的目标，全力以赴为教师实现目标提供必备的帮助与支持。

四、活动效果

经过这一系列活动，教师们在心灵助力、榜样助力、方法助力、自我助力、园所助力等多方面的推动下，清晰地明确了新学期的目标。这对教师提升自我起到了显著的积极作用，极大地增进了教师间的交流与合作。正如老师们各自设定的一个个小目标，当这些小目标汇聚一处时，便从整体上体现出了学园在各个方面的追求与期望，进而形成了幼儿园共同的目标方向，恰

似众多水滴汇聚成奔腾的河流，最终一同奔向共同的目的地。此次活动为园所新学期的教育教学工作奠定了坚实的基础。

2. 新教师助力

为新教师安排“自然融入体验周”，让他们在这一周里全身心投入到自然生长理念下的教学实践中，通过观察、模仿资深教师，逐步理解并适应自然生长教育模式，同时组织“新教师自然成长分享会”，让新教师们交流心得与困惑。

3. 骨干教师助力

鼓励骨干教师在教育教学实践中积极探索创新，如开展“自然教学创新示范课”“自然理念下户外活动组织”“项目式区域活动开展”等，由骨干教师进行示范，展现如何在活动和游戏中体现自然生长理念，并起到辐射作用。为骨干教师设立专门的“自然教育实践研究小组”，让他们带领新教师通过深入课题研究，发挥示范引领作用。

4. 名优教师助力

要求名优教师梳理自身的教学经验和成果，形成论文、案例等，并通过“名优教师自然教育成果展示会”进行分享，发挥示范辐射作用。组织名优教师参与“自然生长理念下高端论坛”，与同行交流切磋，在不断提升自我的同时，也将优秀成果传播开来。同时支持名优教师开展个人的“自然教育专题讲座”，以点带面促进教师队伍的整体提升。

三、和谐共融的生长型教师团队培育

一棵树的风景远不如一片树林，在自然生长理念下，我们致力于打造一支和谐共融的教师团队。

（一）营造"家概念"和谐团队氛围

我们大力倡导"家概念"和谐团队的营造氛围，在教师团队中积极营造如同家人般亲密无间的关系。不仅定期组织温馨的茶话会，让老师们在轻松愉悦的氛围中畅所欲言，分享彼此的生活点滴与教学感悟，还精心策划有趣的团建游戏活动，如户外拓展、海边露营、草坪音乐会、月光中秋演唱会、团队竞赛等，使老师们在欢声笑语中加强互动与协作，增进彼此之间的感情。此外，我们还举办各种主题的团队聚会，如从教三十年教师庆祝活动、退休教师欢送会等，让老师们在特别的时刻感受到集体的温暖与关怀。通过一系列丰富多彩的团队活动，逐渐在团队中形成和谐共融、相互支持、积极向上的良好氛围，让每一位老师都能深深体会到集体的凝聚力和向心力，在这样的氛围中更加安心、舒心地开展教学工作，为教育事业共同努力拼搏。

（二）关注人本核心，推动管理变革

从关注事到关心人，我们把对老师的关注重心从具体事务转移到老师们本身，深入了解他们的需求和期望，关注他们的情绪和状态。通过日常的沟通交流，给予他们充分的理解和关怀，让他们感受到自己的价值和被重视，

从而产生强烈的归属感，提升他们在团队中的价值感。同时，不能只关注人而忽略了事，要将对人的关心与对事的推动有机结合起来，比如在关心老师个体时，也一同探讨如何更好地完成课程设计、提升教师专业能力、优化家园关系以及提高环境创设水平等事务，让关注人和关注事相辅相成、相互促进。

随着对人的关注深入，更注重人性化的管理方式。给予老师们更多的自主空间和决策权，鼓励他们积极参与团队事务的讨论和决策，让他们真正成为团队的主人，共同参与到管理方式的探讨与创新中来。大家群策群力，结合实际情况和自身经验，提出各种新颖的想法和建议，如，和老师们一起讨论：自然理念下的“六一”活动如何做？孩子们喜爱又富有意义的毕业典礼是什么样的？共同推动管理方式朝着更加科学、合理、人性化的方向发展。

根据老师们的实际情况和需求来优化管理流程和方式，通过这种群策群力的共创，让管理更加人性化且富有成效。通过这种共创，每一位老师都能在改革中找到自己的位置和价值，充分发挥主观能动性，为团队的进步贡献力量。

（三）彼此赋能协作，强化团队建设

在彼此赋能方面，我们着重打造“团队树”。这里所说的“团队树”是一种极具象征意义的表达，它象征着整个教师团队的成长轨迹与成果积累架构。每个年段的“团队树”就如同该年段教师们齐心协力所结出成果的展示舞台，恰似真实的树木一般。基于此理念，学校摒弃了以往那种单一的、孤立的竞争模式，如单项比赛，转而大力强调团队整体的协作与共同发展。

当老师们为学校、为年段全力以赴地付出，不管是获得家长的高度肯定、幼儿的真心认可，还是成功发表文章、在交流经验等方面表现卓越时，在“团队树”上用带有颜色的“果子”写下相关内容并粘贴上去，意味着结出了一个丰硕的果实。每一个这样的果实都承载着老师们集体努力的痕迹，是大家携手奋斗的有力见证。通过这样的方式，“团队树”成为衡量团队是否团结合作的关键标志。在各项工作和成果方面最为突出，它所强调的是集体的强大力量、团队的紧密协作以及共同进步的步伐，让老师们更为清晰地感受到自

己作为团队一员的价值与责任，激励着大家齐心协力，共同为团队的繁荣发展而全力以赴，促使“团队树”枝繁叶茂，结出更为丰富且硕大的果实。

（四）唤醒价值认同，凝聚团队力量

价值感的唤醒对教师的工作动力、职业认同有着重要作用，能不断激发教师的热情与动力。在实践过程中，我们积极开展各种价值感讨论会和专题项目，定期组织不同层级的教师分享他们的经历与感悟，让价值感在交流中传递与强化。

1. 价值感的重要性与唤醒途径

价值感对于教师的工作动力和职业认同起着关键作用。我们积极开展多元的价值感唤醒活动，如举行深入的价值感主题研讨会，组织教师们围绕“教育价值的体现与追求”等话题展开热烈讨论；实施相关专题实践项目，让教师们在实际工作中体悟价值的意义。定期组织不同层次教师的经验分享会，如“价值感的成长之路”分享活动，让新教师分享成长的困惑与期待，骨干教师分享成功经验与价值升华，名优教师分享理念创新与影响力发挥，通过这些途径，使价值感能有效传递和强化。

2. 层级化的价值认同举措

针对新教师，通过一个个生动的案例让他们深刻理解被幼儿和家长需要的意义，激发他们的责任感。为新教师精心设计系统全面的成长规划，包括丰富多样的入职培训和持续的专业提升培训，让他们在成长中不断收获自信。对于骨干教师，鼓励他们积极指导青年教师，承担更多的团队引领责任，使其体会到自身价值的提升和拓展。名优教师则给予他们广阔的展示平台，如参与高端学术交流、主导创新教育项目等，让他们在发挥卓越成就和影响力的过程中彰显独特价值。

3. 价值认同带来的团队凝聚效果

通过对各层级教师价值感的激发和具体措施的落实，教师团队呈现出积极向上、充满活力的状态。新教师充满热情和冲劲，骨干教师发挥核心引领作用，名优教师展现示范引领力量。这种价值认同促使整个团队紧密团结在一起，大家为了共同的教育理想和目标齐心协力、共同奋斗。在面对各种困难和挑战时，团队成员相互扶持、相互协作，共同推动团队不断发展壮大，真正实现了团队力量的高度凝聚。

案例 2：思想碰撞会：什么时候让你感觉最有价值感？

“好的教育不仅要做出来，还要能说出来。”今天是这学期的最后一次教研，我和年轻老师们围坐而谈，进行一个学期的总结。

话题：

1. 什么时候感觉这份工作很有价值感？

2. 什么时候感觉自己的价值感消失了？

我把老师们的发言截取一部分整理摘录，形成几个观点：

1. 被需要是一种价值感

“我的价值感莫过于相遇实幼园。在一次次的机会中，我和孩子们一样像棵小树一点点长高，舒展，绽放，我开始享受和孩子们在一起的时光。孩子们很需要我，我感冒请假没来，孩子们对我很惦念，我感觉自己很有价值感。”

“家长们在教育孩子的时候，很信任我，经常问我如何帮助孩子，我觉得自己被需要、被信任，挺有价值感。”

“一句‘老师，我爱你’都会让我很欣慰。尤其特殊儿童在我的爱中不断进步，一个信任的眼神、一个拥抱，都让我很感动。”

一个人的价值感，首先来自自我体验。而良好的自我体验，往往是自我价值感的开端。作为教师，被需要是一种不可名状的鼓励或荣耀，是一种不言而喻的肯定或信任，是一种不可替代的水平与能力。努力做一个“被需要”的老师，真切感受工作的价值和意义。

2. 自我成长是一种价值感

“幼儿园是一座森林，那我就是在森林里行走的人，有新鲜的空气，成长的土壤、欢乐的笑声，这就是我的价值感……”

“案例省级获奖了，有的县区一篇都没有，我们园有两篇。所以我觉得去年不会的，没有的，今年有了，比过去更好的、没有做过的事情就叫超越，才叫价值感。”

“我主持了两场活动，得到老师和家长们的表扬，觉得自信了、进步了，满满的价值感。”

自我成长是一种价值感，或是知识的积累、技能的精进，或是教学方法的改进，或是反思能力的提升、与家长沟通能力的提高等，教师自我成长的每一个小欣喜、小收获，都是成长的足迹，都值得被发现、被记忆，因为它能照亮前行的路。

3. 接纳了自己的不完美，也是一种价值感

“语言活动观摩研讨，一开始我很紧张，也害怕自己会做不好。可是当我真正去做的时候，很多的力量和资源都在向我涌来，我与孩子们有了对话，他们愿意和我分享，我被选择和被认可，我突然发觉自己在工作中慢慢变得更加自然、更加自信了。”

“参加教坛新秀比赛我失败了，哭了，但是我得到很多人的帮助，我感觉不是在孤军奋战。在大家的鼓励下，我变得更勇敢了，不像以前那样给自己定太高目标，然后够不着很气馁，而是做事定下够得着的目标，一步步实现。”

在工作中，真实地面对自己，不惧怕失败，也不恐惧做错，一点一滴地投入，都是价值感的体现。当接纳了自己的不完美，价值感才开始真正显现。

自我就像果酱，工作就像面包，果酱要抹在面包上价值才能体现。每个教师都有各自的优势，也有短板，要因势利导，不能太注重对错和结果，果酱抹得多和少，对于面包都是有价值的。我们既要看到过程，也要纵向看待老师的进步，不急功近利，肯定优秀，容许落后，互帮互助。

4. 坚持平凡，始终对生活怀有善意和希望，也是一种价值感

“这个学期我们在自主区域探索中坚持了一天又一天，每天我都欣然看到孩子们的成长，虽然我没有比赛、没有获奖、也没有发表文章，但是，这份坚持实在太美好了。今天的我没有停止过和孩子一起成长，即便是困难重重，我仍对生活怀有善意和希望。”

总结：有一种平凡叫坚守，一点一滴地投入，就是价值感的体现。实幼园是个真实的共同体，在这里，每个老师都很重要，只要在自己的能力范围内，尽全力做到最好，即使是平凡的小事也能成就优秀。我们往往对“优秀”抱有特定的期待，希望出类拔萃，希望获得不同成就，但这种期望也让老师们背负着沉重的压力，然而，真正的教育并不是让每个老师都成为“与众不同”的那一个，而是让他们在平凡中和孩子们的互动，发现自己的优秀之处，用自己的方式影响孩子们。成功不是只有一种样子。因此，请相信每个老师的潜能，尊重每一个生命个体的独特价值，愿他们都能在平凡的工作中收获属于自己的优秀。优秀可以是平凡的，平凡也能很优秀！

成长、变化，都是在一次次实践之后真切感受到的。教育中的美好新世界不是短暂的一时兴起，也不是还没有到来的遥远梦想，我们每天与“相爱”的孩子们一起，花时间在哪里，哪里就是我们共同创造出来的真正理想国！

在我心里，生命不是一成不变的，教育也是一样。每一天，和孩子们在一起感知一些小美好，体验一些小惊喜，每一天都能离彼此的小“宇宙”更近一些。我们在一起，彼此滋养，慢慢成长。在倾听与对话中，孩子们发挥的智慧、认真的态度、天真的模样都深深地触动着我。在实幼园里，我拥有了一部联结孩子们心灵的宝典，也拥有了一种双向滋养的成就感。

篇章五

课程之旅

——生长课程深入探索

幼儿园生长课程的架构是一个多层次、综合性的课程体系，旨在支持幼儿在认知、情感、社交、身体和创造力等方面和谐全面发展。它彰显自然生长理念，以尊重每个幼儿的自然发展节奏为前提，为幼儿提供丰富多样的学习环境及创意表达的平台和机会，鼓励幼儿自主学习和探索，促进身体运动和健康，培养幼儿的创造力、想象力及社会情感。此外，该课程架构还重视加强家园合作，支持教师的专业发展以及实施个性化和差异化的教学，全面促进幼儿的健康成长。

一、生长课程的特征与分类

（一）生长课程的特征

1. 探索性与创新性

探索性学习：幼儿园生长课程鼓励幼儿通过亲身体验和实践活动来探索世界，培养他们的观察力、思考力和解决问题的能力。通过提供丰富的材料和环境，激发幼儿的好奇心和探索欲望，使他们在不断尝试和发现中获得知识和技能。

创新思维培养：课程设计注重培养幼儿的创新意识和创造力，通过艺术、科学等多种领域的活动，鼓励幼儿自由表达、想象和创造，从而激发他们的创新潜能。

2. 综合性与多元性

知识的综合运用：课程内容跨越多个学科领域，鼓励幼儿将不同领域的知识进行整合和应用，培养他们的综合思维和跨学科学习能力。

主题活动设计：围绕主题设计丰富多样的活动，让幼儿在多元的情境中学习，促进他们在认知、情感、身体等方面全面发展。

3. 生活化与实践性

生活化课程内容：课程内容紧密结合幼儿的日常生活，将基本生活常识、自理能力的培养等纳入教学体系，使教育回归生活世界，增强学习的实用性和现实意义。

实践性学习方法：强调通过实际操作和体验来学习，让幼儿在动手做、亲身参与的过程中掌握知识和技能，体验学习的乐趣，增强记忆和理解能力。

4. 个性化与差异化

尊重个体差异：课程设计充分考虑每个幼儿的兴趣、特长和发展水平，提供个性化的教学方案和学习路径，满足不同幼儿的学习需求。

个性化发展引导：教师根据幼儿的特点和需要，给予个别化的指导和支持，帮助他们认识自我、发展个性，促进每个幼儿在原有基础上得到充分发展。

5. 游戏性与趣味性

游戏化教学方法：充分利用游戏的教育价值，将学习内容融入游戏中，让幼儿在轻松愉快的游戏过程中自然学习，激发学习兴趣。

趣味性活动设计：设计富有趣味的学习活动，吸引幼儿的参与和投入，让他们在玩中学、学中玩，享受学习的乐趣，提高学习的主动性和积极性。

（二）生长课程的分类

1. 生活课程

（1）探索大自然的生活课程

这类课程活动可以包括户外散步、植物种植、动物观察、自然节气变化感知等。我们积极利用园内丰富的自然资源，从幼儿的兴趣点入手，结合幼儿认知与发展的特征，引导幼儿在认养果树、种植瓜果、照养动植物的过程中进行自主观察、认识、探索。深层次挖掘种养活动对于幼儿的发展价值，让幼儿感受自然与人类相互依存的关系，感知物种的神奇及鲜活的生命变化，获得综合能力发展。

（2）探索一日生活场景的生活课程

这类课程以幼儿在园日常生活习惯和场景为基础，涵盖从晨间入园到下午离园的一日生活环节。我们秉持“一日生活皆课程”理念，在保证幼儿充分的生活活动及游戏活动时间的前提下，在一日生活场景中捕捉幼儿的发展需求及探索点、挖掘利用有价值的教育契机，驱动幼儿进行深度探索，生发有意义的课程活动。

（3）探索周边资源的生活课程

这类课程活动鼓励幼儿与教师、家庭共同探索，利用和挖掘幼儿园周边

的资源，从幼儿的兴趣和关注点出发，通过亲子研学、主题活动等多种方式，引导幼儿在亲身参与的实践活动中，对社会资源、自然资源以及人文资源进行体验和整合。在这一过程中，幼儿结合亲历经验，结合身边实际生活场景，积极展开探索式和合作式的学习活动。在这种课程活动中，幼儿不仅能够更加深入地了解和体验周围的世界，还能够在真实的环境中培养他们的观察力、思考力和社交能力，为他们的成长和发展奠定坚实的基础。

（4）探索食育的生活课程

这类课程关注饮食文化和食物的营养价值，通过烹饪、品尝、食物制作等活动，让幼儿了解不同食材和饮食习惯。我们通过调查、探讨挖掘幼儿感兴趣的美食，利用节日节气中蕴含的食育契机，让幼儿在亲身体验、实际制作、品尝自己喜爱的相关美食中，获得愉快的生活劳动体验，积累健康饮食有益经验，理解相关的饮食文化，获得一定的生活技能、创造力和团队合作能力。

2. 项目式区域课程

借鉴瑞吉欧项目活动的教育理论，我们开创了“项目式区域活动”的新模型，从课程理念、课程结构、实施路径构建起项目式区域活动实践框架。项目区域课程活动指在教师的支持、帮助和引导下，幼儿像研究者一样，依据生活中某一个大家感兴趣的“课题”或是问题进行研究和探讨，在共同研究探讨中自主发现知识、理解意义、建构认识。项目式区域课程活动既有区域间的横向联系，又有区域内的纵向深入，不但可以调动幼儿参与区域学习的积极性，而且能带给幼儿比较完整系统的知识经验。

项目式区域课程的理念主要有以下几个方面：

（1）捕捉兴趣生成项目主题

项目式区域活动的主题是教师捕捉幼儿的兴趣点或关注点，生成项目活动的一个中心任务，几个区域或者每个区域围绕这个中心任务进行横向联结，共同展开一系列探究活动来解决相关的问题。

（2）全要素整合的学习内容

围绕项目的中心任务，幼儿自主制定项目计划，根据各个区域的特点，全要素整合相关的区域学习内容，引导幼儿通过绘画、泥塑、戏剧表演、音乐、语言等方式来围绕主题进行开放式探究。

（3）开放互通的区域间联系

区域与区域在空间上既是相对独立的，有不同的教育价值，又是开放的，有互通、互联的互动关系。它们是可以合作的、横向联结的，可以是围绕一个中心任务，相互合作共同完成的。

（4）支持互动的师生关系

根据项目的主题和共同解决的问题，师幼合作研究，支持互动贯穿始终。放手让幼儿自主探究，观察幼儿与环境材料的互动，隐形支持和帮助幼儿进行自我指导式学习，在学会选择、学会判断、学会创造中自主发展。

（5）自我指导的学习方式

自我指导的学习方式，是幼儿为了解决某个问题，自主选择区域内容、自我设计区域计划、自我管理、自我探索、自我反思、自我完善的学习过程。他们在和环境材料交互作用中发现问题，尝试运用方法解决问题，在冲突和反思中不断调整。它可以是区域间合作探究的过程，也可以是区域内通过问题解决、深度理解、知识迁移等深度学习的过程。

3. 游戏课程

游戏课程类型描述表

游戏表现		描述
表现性游戏	角色游戏	幼儿模拟社会生活和生活经验，扮演不同的角色，模仿社会生活中的言谈举止和社会交往，学习社会规则和角色行为的游戏活动。
	表演游戏	鼓励幼儿自发地选择角色和剧情，自主地进行角色扮演和对话创作，生成故事线和表演内容，培养创造力和想象力。
	建构游戏	幼儿自主选择搭建目标和方式建构游戏，激发创造欲望，生成新的构想并实现它们，促进空间感知能力和逻辑思维的发展。

探索性游戏	科学探索游戏	通过与多种低结构材料的互动，让幼儿自发地探索发现客观世界物理经验，满足幼儿的好奇心，培养科学探究意识、态度和批判性思维。
	沙水探索游戏	沙水自身的多种特点就极具探索的价值，沙水材料的开放性适宜幼儿多种表现、多领域经验的学习与发展，是一种具有多样性探索的综合性游戏，探索价值大，获得经验多。
运动性游戏	户外运动游戏	幼儿在户外环境中，自发选择运动材料、辅助材料，自主选择参与方式，生成玩法和规则，促进身心健康和谐发展，培养团队合作和竞争意识，提升解决问题的能力。
	自然野趣游戏	在自然环境中进行，以大自然的元素和环境为依托，利用大自然提供的自然资源，如沙、水、草地、石子小路、水木、土坡等，幼儿通过自由探索、玩耍和互动，充分释放自己的能量和想象力，享受户外乐趣并促进其全面发展。
规则性游戏	数学游戏	通过数数、分类、比较大小等活动，让幼儿自主地探索数学概念，自发地生成数学问题并解决它们，增强数学技能和逻辑推理能力。
	听说游戏	由教师设计组织的、幼儿有兴趣自愿参加的教学游戏。它侧重于培养幼儿在语言交往中的机智性和灵活性。以倾听能力和语言表达的培养为基础，通过有趣的游戏形式提高幼儿的倾听理解和语言表达能力。
	音乐游戏	在幼儿园教育环境中，以音乐为主要元素和手段，通过游戏的形式进行教学活动。
	体育游戏	以适合幼儿年龄特点的身体活动为主要内容，按照一定的规则和玩法进行的体育活动。通过游戏的形式，提高幼儿身体素质、促进身心健康发展，同时培养幼儿基本运动技能和团队协作精神的一种教育活动。

二、生长课程目标的构建

幼儿园生活课程赋予幼儿在真实生活情境中学习和成长的宝贵机会。教师应通过精心设计日常生活环境、巧妙设置问题情境、鼓励幼儿提问和思考，以及引导他们参与解决问题的过程，来激发幼儿的好奇心和探究欲。以生活为基的课程学习方式，促使幼儿学会观察问题、理解问题，并采取有效行动解决问题，在自我照顾、人际交往和环境互动中不断成长，发展成独立思考、富有创造力并具备解决问题能力的个体。

（一）生长课程的总目标

生长课程以“顺性、自主、发展”为培养目标，其核心分为七大要素，即“亲自然、会游戏、喜探究、善表现、爱运动、好习惯、乐交往”。

· 亲自然：培养幼儿对自然界的热爱和尊重，通过户外活动、植物种植等方式，让幼儿亲身体验自然，学会观察和欣赏自然世界的美。

· 会游戏：遵循幼儿天性，满足幼儿的需求。幼儿不仅爱游戏，还要会游戏、享受游戏。在游戏过程中能持续且有创造性地玩，体验游戏的充实和快乐。

· 喜探究：关注幼儿良好学习品质的逐步养成，激发并保护幼儿的好奇心和探究欲望，鼓励幼儿学会发现问题、善于思考和解决问题，不断提高幼儿的探究能力，从而培养科学精神和批判性思维。

· 善表现：鼓励幼儿通过艺术（音乐、舞蹈、戏剧、美术等）、语言等不同形式表达自己的想法和情感，增强自信心，提高审美和艺术表现能力。

· 爱运动：重视幼儿的身体健康和运动能力，通过体育活动、户外游戏等形式，让幼儿养成爱运动的健康习惯，具有一定的适应力、耐力及动作发展能力。

· 好习惯：培养幼儿良好的生活习惯、卫生习惯，形成一定的生活自理能力、自我保护能力和自我管理能力。

· 乐交往：关注幼儿的社会性发展，激发其对周围的人、事、物和生活的热爱，在一日生活中学会关爱与尊重，学会与他人交往、合作和解决冲突，获得社会交往、社会适应能力的提升。

（二）各类生长课程的目标和内容

生活课程各年龄段发展目标

内容	各年龄段发展目标		
	小班	中班	大班
探索大自然的生活课程	培养对自然的兴趣和好奇心，通过观察、触摸、闻味等方式了解自然界的基本元素，如水、土、空气、植物等。	进一步培养观察力和思考能力，让他们了解自然界的生物多样性，学会尊重和保护自然。	了解自然界的生态平衡和环境保护的重要性，培养他们的环保意识和行动力。
探索周边资源的生活课程	了解身边的资源，如公园、图书馆、超市等，培养他们的生活技能和社会适应能力。	了解社区的各种设施和服务，培养他们的公民意识和社会责任感。	了解城市的发展和管理，培养他们的城市规划和管理能力。
探索一日生活场景的生活课程	了解一天的生活流程，如起床、洗漱、吃饭、睡觉等，培养他们的生活自理能力。	了解一天的学习、游戏、休息等活动，培养他们的时间管理和自我控制能力。	了解一天的工作、学习、休闲等活动，培养他们的生活规划和自我管理能力。
探索食育的生活课程	了解食物的来源和种类，培养他们的饮食习惯和营养知识。	了解食物的烹饪和食用方法，培养他们的烹饪技能和健康饮食观念。	了解食物的文化和历史，培养他们的饮食文化素养和国际视野。

项目式区域课程各年龄段发展目标

总目标	各年龄段发展目标		
	小班	中班	大班
真体验	1. 对身边的物体感兴趣，运用多种感官感知周围的事物。 2. 能注意物体与物质较为明显的外形特征，并能用自己的语言描述。 3. 能够在成人的鼓励下表达自己操作的想法。	1. 能主动运用多种感官观察和探索周围事物，主动寻找事物的变化。 2. 能够感知和发现常见事物的基本特征，并能进行分类。 3. 能够在生活中运用数学或相关生活经验解决简单的问题。	1. 对自己感兴趣的问题主动发问，并能积极动手动脑寻找问题的答案。 2. 能够寻找机会观察和关注事物，并尝试运用多种途径解决问题。 3. 能够对事物的结果产生进行思考、猜测，并在不断地操作探索中提出新的想法。
喜探究	1. 喜欢接触新鲜事物，对周围的很多事物和现象感兴趣。 2. 能够询问简单的问题，并在成人帮助下寻找答案。	1. 经常问一些与新鲜事物有关的问题，并乐于动手动脑探索相关的物体和材料。 2. 能通过观察比较、简单调查、符号记录等方式探索事物或现象，尝试寻找解决问题的办法。	1. 对自己感兴趣的问题刨根问底，乐于动手动脑解决问题。 2. 能综合运用观察比较、猜测验证、分析描述、表征记录等方式表达交流自己的探究过程和结果。
乐交往	1. 愿意与他人参与活动，并在成人指导下，不争抢材料。 2. 喜欢承担任务，并对他人的难处表示同情。 3. 在成人的提醒下，遵守活动规则。	1. 喜欢和小朋友参与活动，愿意接受同伴的意见和建议。 2. 能关注到他人情绪，并主动关心理解他人。 3. 理解、遵守规则，发生冲突能在成人的帮助下和平解决。	1. 有集体荣誉感并主动承担任务，遇到困难时能坚持。 2. 能接纳并关注他人，并给予力所能及的帮助。 3. 能与同伴协商制定规则，认真负责完成任务。

善表现	1. 能口齿清楚地表达自己的需求和想法，在成人提醒下使用恰当的礼貌用语。 2. 能用声音、动作、表情、姿态、简单绘画等方式表现人事物。	1. 能用比较连贯的语言谈论、讲述自己的所见所闻所想和经历的事情。 2. 喜欢参与歌唱、律动、舞蹈、表演、绘画、手工等活动，尝试用不同方式表现自己的所见所想。	1. 能有序、连贯、清楚地讲述相关事物，语言较生动。 2. 能大胆用律动、简单的舞蹈动作、语言、绘画等表现自己的情绪或所见所闻所想，能用自己制作的物品布置环境、用于活动。

游戏课程各年龄段目标

内容	各年龄段目标		
	小班	中班	大班
表现性游戏	1. 学习使用语言、面部表情和身体动作来表达自己的情感和需求。 2. 能使用各种道具和玩具进行简单的游戏，创造故事和游戏情境。 3. 喜欢参与多种形式的游戏活动，体验自由探索和表达的乐趣。	1. 大胆参与故事表演、角色扮演等游戏，增强倾听理解和语言表达能力。 2. 大胆想象，尝试创作自己的角色和故事情节，进一步认识和表达更复杂的情感。 3. 遇到游戏问题时，愿意思考尝试寻找解决问题方案。	1. 能综合运用经验与同伴创造性地游戏，运用语言、绘画等不同形式分享游戏中的快乐和创新。 2. 能自主发现问题并大胆提出解决问题的办法，养成良好的学习品质。 3. 能与同伴分工合作，有一定自尊、自信、自主的表现。

探索性游戏	1. 对周围环境进行观察，提出简单的问题，并通过触摸、操作等感官体验来探索物体的特性。 2. 理解大小、形状、颜色、数量等基本概念，并学会分类和匹配。 3. 对感兴趣的事物有好奇心，初步了解周围事物的基本特征。	1. 运用观察能力找出问题并尝试解决，例如简单的科学实验或解谜游戏。 2. 游戏中能与同伴合作、交流和分享游戏。 3. 大胆运用各种材料工具自主参与游戏活动，初步发展创造力和创新思维。	1. 能运用观察分析、逻辑推理等方法解决问题。 2. 了解更多的科学、地理、文化等领域的知识，了解更广阔的世界和文化多样性。 3. 通过戏剧表演、讲故事等方式表达自己的想法和感受，提高语言表达和身体表现的能力。
运动性游戏	1. 在爬行、跳跃、奔跑等自然身体活动中锻炼基本动作，增强身体的灵活性和协调性。 2. 激发对户外活动的喜爱和兴趣，在与同伴、材料、环境的互动中，学会轮流、分享和合作等基本社交。	1. 尝试挑战多种器械、材料组合的游戏活动，提升动作协调能力和平衡感。 2. 喜欢与同伴合作参与户外、自然野趣游戏，遇到问题时尝试思考解决方案，并调整生成感兴趣、有挑战的游戏。	1. 大胆与同伴计划、协商、制定与户外、自然有关的游戏，并根据游戏情况不断调整、持续推进游戏，获得综合性动作发展。 2. 遇到困难或挑战时，学会情绪自我调节，提高抗挫折能力。
规则性游戏	1. 学会游戏中的基本规则，在游戏中学会等待和分享。 2. 在与同伴的互动游戏中获得游戏的积极体验。	1. 遵守游戏规则，尝试参与制定、调整游戏规则和玩法。 2. 在游戏中学会表达和理解不同情绪，在成人帮助下尝试解决问题，获得相关领域的基本经验。	1. 掌握并应用游戏规则，能自主发现问题、尝试调整游戏行为，与同伴合作游戏。 2. 遇到问题时能综合运用经验解决游戏中的问题，并尝试创新游戏玩法，获得创造游戏的身心满足。

（三）生长课程的生长点

1. 在兴趣经验中生长

自然生长理念强调个体的自发性和独特性，每个幼儿都有其独特想法及发展路径，应在游戏中得到充分的尊重和发展。这意味着教师需尊重幼儿兴

趣经验，生发游戏主题，为幼儿创设有利于主动探索、多元探索、深度探索的活动场域，使课程活动和幼儿内在发展需求和谐相融，为幼儿蓬勃生长提供扎根的土壤。

例如，中班项目区域课程游戏《创意西游》生发于班级幼儿频繁出现的“奥特曼和孙悟空谁厉害”之争。教师敏感地捕捉幼儿的关注点，通过加入幼儿的话题讨论，投放相关绘本，鼓励亲子共读西游故事，让幼儿浸润式地了解西游，基于幼儿喜欢模仿西游人物的兴趣，班级成立项目小组“创意西游剧场”，并鼓励幼儿自发投票，选出了剧目《三打白骨精》。表演中的兴趣点和遇到的“不知道怎么演”“没有服装道具”“声音太小了”“没有观众不想演”等系列问题，也成了幼儿经验生长的桥梁。

如，第一次表演时，幼儿出现“不知道该谁第一个上场，该说什么角色对话，怎么表演”的问题，表演草草结束。经观察分析，教师发现幼儿对《三打白骨精》故事的理解只是停留在粗浅的听故事阶段，缺少将阅读经验迁移到舞台表演的经验。于是，家园通过阅读、观看动画、戏剧演出等形式共同丰富幼儿对该故事情节和各角色外形、语言、动作特征的认知，家园展开了“什么是表演”第一次头脑风暴，幼儿自选喜欢的人物进行了一次角色扮演 PK 赛，在观察、模仿中调动对该角色已有的认知经验，在同伴互动中互相启发、互相学习，各角色在幼儿的 PK 赛中越发生动起来。

很快，游戏分享中幼儿又发现表演服饰道具不足、易坏，没有装饰材料，有的幼儿装扮不像角色的问题，直接影响了表演效果。根据幼儿发现的问题，教师在班级群中发起了“西游模仿秀”活动。幼儿和家长一同选择、观察自己喜欢的西游角色，搜寻家中外形相似的常见材料，发挥想象、创意装扮、互相欣赏，趣味再现该角色的外形和经典动作。活动后，教师将幼儿西游模仿秀的照片及时布置于墙面，以便幼儿模仿、迁移装扮经验。向家长收集幼儿西游模仿秀中的各类常见材料，如包装袋、废旧衣物等供幼儿根据角色创意装扮。这一趣味扮演活动调动了幼儿多感官感知角色特征，让幼儿获得了更为深刻又充满趣味的装扮、演绎经验。

在表演的第三阶段，幼儿发现“角色对话声音太小”“观众观看时不够安静，不遵守规则”“演员没有注意站位”等问题。顺延幼儿衍生出的“声音小”“背面观众”等问题聚焦讨论，鼓励幼儿通过观看视频、绘画表征等方式观察记录自己发现的解决方法，在交流碰撞中寻找解决问题的方法，并投放幼儿提出的平板录像的相关材料。针对“声音小”的问题，家园开展“西游配音秀”活动，通过亲子配音、同伴合作配音、欣赏他人配音中，加强幼儿对角色对话和语气语调的感知，发展幼儿生动演绎的语言能力，将幼儿配音作品投放至西游剧场供幼儿表演。

为了解决表演中遇到的“道具损坏”“没有观众不想演了”的问题，幼儿开始自主自发地向其他同伴寻求帮助、邀约别班幼儿观看表演，表现出良好的交流沟通意识和大方表达需求、发起交往的能力，激发了幼儿的成就感和自我效能感，调动幼儿持续生长的积极性。

大班《智造火箭》游戏课程则缘起于幼儿感兴趣的“六一”游园项目“飞天火箭”。教师追随幼儿兴趣与经验，开展了班级玩具分享会，在分享碰撞中，幼儿产生自制飞天火箭的想法。在探索中，由于经验有限，幼儿遇到了“试飞失败”“底座散架”“飞不高”等系列问题，生发自制火箭筒、研发动力源等“任务”驱动。由此，家园成立学习共同体，与幼儿共同收集“火箭”的相关资料，不断充实幼儿对“火箭”构成及飞天原理的经验认知，在不断尝试探索、观察猜测、调整反思中寻找解决问题的方法。在游戏中，促使幼儿经历了“初造火箭”“组团改造”“升级再造”“硬核智造”四个探索阶段。幼儿在整个探索阶段，为兴趣所驱、经验所持，经过一系列经验累积、推理分析与现实接洽，最后创造出了属于他们的“火箭”并成功飞天。幼儿在似乎不可实现的“制造火箭”深度探究中获得关于科学经验、社会交往、语言表达、学习品质发展等多元生长。

2. 在关注生活中生长

我们深信，生活中的每一刻都蕴藏着无尽的教育价值和生长点，这些正是推动课程发展的源泉。作为教师，不仅要将幼儿日常生活中偶然发生的事件巧妙地转化为学习的契机，更要学会从每一个看似平凡的瞬间中洞察到成长的活力。我们要运用清晰的思维去捕捉关键事件中的多元观点，提炼幼儿

生活中的真实素材，紧扣他们的兴趣点，关注他们的疑问和发现，通过引导他们深入探究，让幼儿在持续的学习中不断积累知识、提升能力，培养他们的探究精神和解决问题的能力。同时，我们鼓励幼儿将探索的结果应用到生活中去，让学习与生活紧密相连。这意味着课程内容不是静态的、预设的，而是动态的、根据幼儿的实际生活情况进行调整的。教师和幼儿在共同的生活实践中相互影响、共同成长。教师通过观察和倾听，发现幼儿的兴趣点和需求，进而调整教学方法和课程内容，使之更加贴合幼儿的生活实际。在这个过程中，生活不断地反哺课程，课程也在不断地适应生活的变化。师幼关系在这种互动中得到加强，课程在生活中得到生长。这种以生活为基础的课程，不仅能够激发幼儿的学习兴趣，还能够帮助他们建立起与现实世界的有意义联系，为他们的未来学习和生活打下坚实的基础。

在生活课程《自动浇灌器》中，幼儿关注到因假期无人浇水导致种植园的小白菜干瘪现象，引发了为种植园制作“自动浇灌器”的课程活动。课程探索中，幼儿第一次制作出来的浇灌器基本是根据洒水壶的外观仿制的，在塑料瓶盖上打孔或在孔上插上吸管，并通过给瓶子做支架的方式，实现“自动浇水”。经过生活实践，幼儿发现“单个浇灌器”能自动浇水了，但是浇水的范围很小，只能给一棵植物浇水。为了进一步改善浇灌条件，幼儿又提出“制作能同时浇灌多棵植物的浇灌器”。于是，他们在“三园”活动、区域活动、项目式学习活动中又开始新一轮的设计制作与实践——“做一个同时浇灌多棵植物的浇灌器”。在与同伴不断试错、修正、调整过程中，他们发现 PVC 管最适合制作自动浇灌器。幼儿通过亲身体验、实际比对和实践，为他们的种植园发明创造了用 PVC 管道制作的“多孔自动浇灌器”，实现多棵植物同时浇灌。然而，生活中的问题仍在不断地向幼儿提出挑战。接下来的实际灌溉中，幼儿发现“浇灌器每个孔流出来的水只能浇到同个位置，而且水流很大，把植物的土都冲没了”。为了解决这个浇灌问题，幼儿迁移在小区观察发现“喷洒式自动浇灌器”的生活经验，进一步提出“制作喷洒式浇灌器”，认为喷出来的水喷得远，水流细就不会伤害到植物。但是，生活经验还不足以支撑幼儿探索制作喷洒式自动浇灌器。对此，幼儿带着对其制作方法的疑惑，通过现场观察、网上查阅资料等方式研究“喷洒式自动浇灌器”。对喷洒式的自动浇灌器有了进一步了解后，每个人从家里搜集了不一样的材料来制作喷头，他们再次开启研究，探索升级版的自动浇灌器，即合作制作大型喷洒式自动浇灌器。在他们的努力下，最终升级版的自动浇灌器让班级的种植园地的小植物们喝饱了水。

源于生活中种植园浇灌问题的“自动浇灌器”课程探索，幼儿从设计、制作到实践、调整，从材料选择到功能设想，幼儿与同伴合作探究、协商讨论，激活已有生活经验、迁移运用多元经验解决问题、实现设想。幼儿经历了完整的“发现问题—提出解决办法—尝试行动—调整解决办法—再次尝试验证”的学习过程，实现从“自动浇灌”到“多棵植物同时浇灌”，最终“喷洒式大面积浇灌”，制作出适宜种植园的专属自动浇灌器。

在大班生活课程《趣探口腔灯》中，幼儿刚升入大班，发现自身和同伴掉牙的现象增多了，他们会互相观察同伴的牙齿，发现掉牙后口腔的共同特征。没有掉牙的幼儿也对掉牙这件事产生疑惑：“为什么同伴都掉牙了，我的牙齿还好好的？”教师发现幼儿关注到关于生活问题的生长点，决定和他们一起探索牙齿秘密的课程活动，为幼儿生发的生长点搭建适合的生长平台。

在探索牙齿秘密的活动过程中，教师发现幼儿已不满足于制作牙模、阅读绘本、探索各种酸甜物质对牙齿的损害，而更喜欢通过角色游戏的方式，扮演牙科医院里的角色，体验当牙医为病人看牙的乐趣。于是有关“牙牙医院”的课程故事发生了。教师利用家长助教资源，邀请牙医家长入园为幼儿检查牙齿，了解看牙的步骤；结合幼儿分享前往牙科诊所（医院）看牙的经历，鼓励其与同伴共同分享看牙的感受与发现，在亲身体验、互动交流中获得了丰富的检查牙齿的经验。在扮演牙医的游戏过程中，幼儿发现去牙科医院时，检查牙齿用的灯和幼儿园检查牙齿的手电筒不一样，产生制作口腔灯的想法。教师及时捕捉幼儿想制作口腔灯的需求，适时丰富幼儿关于“口腔灯”的相关知识和生活经验，引导幼儿进一步了解口腔灯的外形，为模拟制作口腔灯做经验准备。同时引导幼儿共同搜集纸箱、纸盒、双面胶、封口纸、鞋盒等各种材料尝试制作口腔灯。但在第一次制作纸箱纸盒口腔灯时，幼儿

发现“灯架和诊床高度上不匹配”的问题。对此，教师组织集体思维碰撞，引导幼儿围绕“为什么口腔灯架还是倒了”“怎么制作更合适的口腔灯架”进行思考与讨论，启发幼儿自主发现制作口腔灯需要解决“高度与诊床匹配”和“灯的承重力”等问题，并寻找更适合制作灯架的办法。在第二次调整材料制作过程中，幼儿初步解决了口腔灯立起来的问题。在新的口腔灯投入使用后，幼儿又发现了“手电筒光线无法固定聚焦”的问题，当他们尝试通过增加人手来解决“口腔灯无法聚焦”的难题，但发现行不通时，转而将解决问题的思路“从人转向物”。他们仔细观察周围事物，充分利用区域环境寻找适合的材料（表演区的三角铁）固定，并巧妙利用三角铁的结构（有缺口），斜插固定在空心合金管的顶端，借助扭扭棒将手电筒固定在三角铁的一边，成功解决“光束晃动”的问题，口腔灯也趋于合理化，一个不用手扶的口腔灯在不断的试验、改良、调整中制作成功了。

3. 在解决问题中生长

在“自然生长”教育理念下，能引发幼儿探究的问题是最具价值的“生长点”。它既是幼儿探索的内驱力，也是获得生长经验的重要途径。教师要善于发现和精准识别课程活动中出现的问题，富有智慧地为幼儿搭建持续探究的生长平台，鼓励幼儿自主提出问题，引导他们通过查阅资料、实验探究、讨论交流等方式寻找答案，培养他们的问题意识和好奇心。在发现问题、剖析问题、解决问题中推动课程、幼儿经验的突破性生长。

如大班项目式区域课程《哇，疯狂过山车》中，幼儿陆续产生了“小车怎样成功在平地行走”“怎样让乒乓球通过弯道”“怎样让乒乓球上坡”等问题，系列问题链的产生让幼儿在猜想假设—操作验证—调整思路—再次实践验证中不断探索，从中获得关于“轨道坡度、物质特征、速度力度”等经验。如初次搭建轨道试通车时，幼儿发现“小车走到平地上就不走了”的问题，教师通过欣赏实景视频、展示幼儿搭建轨道，让幼儿在观察、对比中发现过山车轨道起伏高度与相关物品特征关系的特点，从而讨论出“起点高一点”“轨道短一点”的整改设计方案。实施调整方案时，幼儿发现“小车成功在平地行走，但始终无法通过弯道”的问题，他们调整材料，把小车换成乒乓球，发现乒乓球顺利通过了 120° 蓝色弯管，但接连几次掉在了 90° 黄色弯管的连接处。“怎样让小球通过弯道”又成了幼儿探索的新问题，他们不断进行尝试“加大小球滚下的力度”“调整弯道高度”，发现过山车在不同坡度上的速度变化，找到造成乒乓球不能拐弯的问题是“纸筒轨道和弯管的连接不够平整”。当展示轨道被同伴质疑是“滑梯”时，他们再次调整搭建“有上下坡的轨道”的方案。在新一轮问题探索中，幼儿把每一段轨道连接成近乎三角形，但出现“小球接连几次掉在了两个半纸筒的连接处”的问题。他们思考“怎么让乒乓球上坡”并不断调整上坡坡度让小球成功爬坡，从中发现“坡度太斜，下坡速度太快，球会飞出去；上坡太斜，球会滚不上去”等科学现象。幼儿通过一个又一个真实问题的发现、分析、解决，在经验回顾—制定计划—实施计划—总结反思的循环上升中实现经验生长。同时，也实现了课程的螺旋式生长与架构。

又如在大班项目式区域课程《大玩家跳舞毯》中，幼儿遇到“跳舞毯易滑动”“如何实现单人游戏到多人合作游戏”等一系列问题，每一次的新问题都成为幼儿下一次活动的新探索点，层层递进、环环相扣地推动幼儿游戏课程的深入，创造出跳舞毯的花样玩法。在跳舞毯首秀亮相出现“易滑动”“缺少屏幕”等问题时，教师创设隐性提示墙“跳舞毯真好玩”，张贴幼儿实地体验跳舞毯照片及各种跳舞毯、显示屏图片，为幼儿提供隐性经验支持。升级后的跳舞毯吸引了其他幼儿的围观，他们发现：“同一首歌曲同一张图谱，为什么两个人跳出来的节奏却不一样？到底谁才是正确的跳法呢？”教师召开“儿童会议”，在讨论中总结每个人对乐曲和图谱的解读方式不同，所呈现的跳法也各不相同的经验。他们重新设计节奏图谱、统一箭头标记，便于玩伴快速看懂图谱。好玩的跳舞毯引来了众多挑战者，导致出现“排长队”“一人反复跳太累”降低玩家的体验感情况。他们尝试借鉴网上的脚印跳舞毯游戏模式，根据现有的歌曲进行设计，研发出小组轮流式跳舞毯“每个人跳一首乐曲，8 个小朋友刚好轮流跳完一首曲子”，既提高幼儿分辨乐句和节奏的能力，又增强其合作意识，体验到团队游戏的乐趣，完美解决难题。幼儿置身于极具开放性与挑战性的问题情境之中，持续地解决了一个又一个棘手难题，

跳舞毯游戏课程不断实现进阶，从“独立游戏”逐步升级为“双人游戏”，进而过渡到“多人合作游戏”，有力地推动幼儿展开深度学习，为课程的自然生长、幼儿的经验生长赋予能量并实现提升。

三、生长课程的实施

（一）生长课程中生活课程的教学相长

在幼儿园生长课程中，生活课程教学相长的样态是一个动态的、互动的、个性化的教学环境，旨在通过师幼共同活动和反思，促进彼此的生长和发展。

1. 生活课程教学相长的样态特点

互动性：教师与幼儿之间的互动是核心，通过对话和共同活动促进相互学习和成长。

生成性：课程内容不是预设的，而是根据幼儿的兴趣和需求在互动中不断生成和发展的。

实践性：教学活动紧密联系幼儿的生活经验，强调通过实践活动进行学习。

个性化：尊重每个幼儿的独特性和差异，提供个性化的教学支持。

2. 生活课程教学相长的实践方式

在幼儿园生长课程中，生活课程教学相长的实践方式体现了教育的核心理念——教师和幼儿在互动中共同成长。以下这些实践方式不仅能够激发幼儿的学习兴趣，还能促进教师与幼儿之间的互动和共同成长。

· 项目式学习：围绕幼儿感兴趣的主题开展项目，教师和幼儿共同规划、实施和评估。例如，在散步活动中，幼儿发现小果园里的杨桃树长出了一串串杨桃果子。“我们想摘杨桃，可是不够高摘不到，怎么办？”深深说。大家围在一起兴奋地讨论着“怎么摘得到高高树上的杨桃”。一次孩子们散步与杨桃的邂逅，就这样拉开了摘杨桃项目式学习探索之旅！教师与幼儿一起讨论，确定了“设计制作能成功摘取杨桃的神器”的项目内容和目标。幼儿决定通过实地考察、资料搜集和手工制作等方式，深入揭秘“摘杨桃神器”。在项目实施过程中，孩子们围绕内容和目标分成小组探索制作“神器”并进行试验。

幼儿做了大量的工作：寻找材料、筛选材料，借助竹竿尝试用敲、旋、顶等方法让杨桃掉下来，根据实际更换采摘地点和角度，有的还想出拉彩虹伞的办法解决杨桃落地摔坏的问题。最后，我们应幼儿的要求：采用“机械手”的办法来代替竹竿采摘果子。我们利用家园、网络资源，与幼儿搜寻有关制作“机械手”的资料，幼儿了解到可以用塑料瓶自制摘杨桃神器。每组幼儿投票设计出他们心目中的“机械手”摘果子神器雏形，根据想法、现有材料开始动工制作起来。经过两天的努力，许多幼儿成功自制了不同的摘桃神器。在投入使用时，每个小组都分享了他们用“不同机械手”的成果。教师和幼儿一起讨论了整个项目的过程，回顾了自己积累的相关有益经验，反思了可以改进的地方，并评选出“最佳机械手”。

· 情境教学：创设真实的或模拟的生活情境，让幼儿在情境中学习和解决问题。例如教师创设了“庆祝集体生日”的真实情境，幼儿置身于真实的生日派对中，他们学习如何庆祝集体生日、如何装扮生日派对的活动室、如何制作节日装饰物、如何邀请他人参加派对以及如何做出策划与准备，与同伴度过一个有意义的生日会。在情境中，幼儿也会遇到真实具体的问题，比如，在制作节日装饰物时，有的幼儿可能会遇到材料不足的问题，这时教师会引导他们思考如何用有限的资源创造出令人满意的作品。在这个过程中，他们积累了多元经验，学习运用已有经验解决问题，同时也收获了节日文化礼仪。

· 反思性学习：鼓励幼儿和教师共同反思学习过程和结果，促进思考和改进。在这个过程中，我们需要经历反思的引导、反思的深化、反思的应用等高阶逻辑思维的过程。教师鼓励幼儿在活动结束后进行反思，让他们分享自己的感受和收获。同时，教师也会分享自己的观察和体会，以身作则地展示反思的过程。通过反思，幼儿能够更加清晰地认识到自己的成长和需要改进的地方。他们会意识到自己在活动中的贡献，也会发现自己在解决问题时的创造性思维。教师要引导幼儿将反思的结果应用到未来的学习和生活中，让他们明白学习是一个不断进步的过程，而每一次的反思都是为了更好地前进。

· 游戏化教学：通过游戏活动激发幼儿的学习兴趣，教师在游戏中观察和指导幼儿。在游戏化教学中，我们同样经历以下阶段：游戏的设计—游戏的

开展—游戏的观察与指导。根据幼儿的兴趣、需求，师幼共同讨论并设计有一定主题且富有探究意义的游戏活动。源于幼儿生活、需求的游戏，让幼儿积极主动参与、自主探究、乐在其中。在游戏过程中，教师心中有目标、细心观察幼儿的游戏情况及行为表现，及时提供有效的指导。当发现有的孩子在游戏中遇到困难进行不下去时，教师需耐心引导他们找到解决问题的方法并再次运用于游戏过程中，不断为孩子提供“做中学、玩中学”的成长平台。

3. 生活课程中教学相长的实践要求

教师和幼儿在生活课程中通过互动和协作，共同构建经验、培养能力，实现教学相长。教师作为课程活动的引导者和支持者，创设情境和提供资源；幼儿作为主动的探索者，通过实践和体验进行学习。这种双向互动的教学样态有助于幼儿的全面发展，也促进了教师的专业成长。

（1）教师层面的实践

· 课程设计：教师根据幼儿的兴趣和需求，设计生活化的课程内容，如种植、食育等，确保课程与幼儿的生活经验紧密相连。

· 情境创设：教师创设丰富多样的教育情境，如游戏体验区、科学探索馆、艺术创作区等，鼓励幼儿在不同的情境中探索和学习。

· 指导策略：教师采用启发式教学，提出问题或挑战，引导幼儿主动思考和解决问题，而不是直接给出答案。

· 观察记录：教师通过观察幼儿在日常活动中的表现，记录他们的学习进展、兴趣、经验变化，以便及时调整课程内容和教学方法。

· 评价反馈：教师进行多元化评价，包括幼儿自评、同伴评价和教师评价，以全面了解幼儿的学习成果，并给予积极反馈。

· 家园合作：教师与家长保持沟通，共同关注幼儿的成长，鼓励家长参与幼儿园活动，形成教育合力。

（2）幼儿层面的实践

· 主动参与：幼儿积极参与课程活动，根据自己的兴趣选择学习内容，探索和尝试不同的任务。

· 表达分享：幼儿在活动中表达自己的想法和感受，与同伴和教师分享学习成果，促进交流和合作。

· 问题解决：幼儿在遇到困难时，学会寻求帮助，尝试使用不同的方法解决问题，培养解决问题的能力。

· 自我评价：幼儿在教师的引导下，学习如何进行自我评价，识别自己的优点和需要改进的地方。

· 反思学习：幼儿在课程结束后，参与反思活动，回顾自己的学习过程，思考如何应用学到的知识。

· 家庭学习：幼儿将在幼儿园学到的知识和技能应用到家庭生活中，如参与家务劳动、照顾植物等，实现学习与生活的融合。

（二）生长课程中项目式区域课程的生长逻辑

1. 项目式区域课程的设计思路

幼儿园项目式区域课程的设计思路强调以幼儿为中心，注重跨学科融合、幼儿参与、师幼互动、评价与反馈、环境创设以及个体差异的关注。通过这些设计思路的实施，可以有效促进幼儿的全面发展。

（1）明确课程目标

结合幼儿年龄特点和兴趣：根据幼儿的年龄特点和兴趣爱好，选择适合的主题，如动物、植物、季节等，确保课程内容既贴近幼儿生活，又能激发他们的好奇心和探索欲。

制定具体的学习目标：明确幼儿在项目式区域课程中需要达到的能力目标，如认知发展、情感态度、社会交往、动作技能等方面的具体提升。

（2）构建项目框架

整体性原则：项目设计应具有完整性，各个环节有机衔接，形成一个完整的教育过程。确保项目从引入、实施到总结交流，都有清晰的步骤和计划。

跨学科融合：鼓励跨学科融合，让幼儿在项目过程中综合运用多学科的知识和技能，促进其全面发展。

（3）注重幼儿参与

提供多样性学习机会：通过多样化的学习活动和材料，激发幼儿的学习兴趣和主动性。例如，设置观察、实验、手工制作、角色扮演等多种活动形

式。

鼓励自主探索：给予幼儿充分的自主选择权和探索空间，让他们在实践中发现问题、解决问题，培养独立思考和解决问题的能力。

（4）强化师幼互动

师幼共建项目内容：教师和幼儿共同参与项目内容的构建，确保项目既符合教育目标，又能满足幼儿的兴趣和需求。

弹性调整项目焦点：根据项目实施过程中幼儿的兴趣和反馈，灵活调整项目的焦点和深度，确保项目始终贴近幼儿的实际发展水平。

（5）注重评价与反馈

多元化评价方式：通过观察记录、作品展示、小组讨论等多种形式评价幼儿的学习情况，确保评价的全面性和客观性。

鼓励幼儿分享与交流：项目结束后进行总结和交流，鼓励幼儿分享自己的学习成果和经验，促进他们对所学知识的巩固与应用。

（6）创设适宜的环境

自然性原则：利用有限的空间，合理划分区域，确保每个区域都能满足幼儿的学习和游戏需求。同时，利用自然材料和环境，营造温馨、舒适的学习氛围。

相容性原则：将性质相似的区域设置在相邻的位置，便于幼儿之间的互动和交流。例如，将阅读区与美工区相邻，便于幼儿在阅读后进行创作。

（7）关注幼儿个体差异

个性化指导：针对每个幼儿的不同发展水平和兴趣特点，提供个性化的指导和支持，确保每个幼儿都能在项目式区域课程中获得成长和发展。

家园共育：与家长保持密切沟通，共同关注幼儿的发展情况，形成教育合力，促进幼儿的健康成长。

2.项目式区域课程生长路径——课程的实施流程

项目式区域课程实施流程，具体分为以下几个步骤：

（1）步骤一：课程活动发起与准备阶段

幼儿的学习：

①讨论生成项目。

②和家长一起调查访问、查阅资料。

③记录发现、分享交流。

教师的支持策略：

①从幼儿的兴趣点出发，和孩子讨论捕捉有学习价值的区域项目主题。

②设计调查记录表，引导孩子和家长进行亲子调查。

③创设调查结果展示墙，支持幼儿张贴布置交流发现。

④教师参与调查和记录，分析学习价值，挖掘和拓宽区域研究内容。

（2）步骤二：课程活动进行与发展阶段

幼儿的学习：

①用语言表达想法，倾听他人讲述，学习调整个人情绪，在合作讨论中自主制定计划，绘制项目式区域计划图示。

②收集游戏材料，学习分类整理归放，制作区域规则图示。

③在与环境材料的互动中，围绕解决的问题展开各区域初始的研究和探索。

教师的支持策略：

①给幼儿足够的时间思考计划。

②鼓励幼儿用图示和语言表达自己的计划。

③投放开放型、层次性的区域材料，支持幼儿自主探究。

④对玩具进行分类标注，引导幼儿分类整理归放。

⑤创设项目操作墙和规则图示墙，引导幼儿与墙面互动学习。

⑥鼓励区域之间围绕解决的问题，展开合作探索和研究。

（3）步骤三：课程活动的推进总结阶段

幼儿的学习：

①各个区域幼儿进行自我指导学习，幼儿自主设立区域学习目标，自主计划游戏方案，自主选择学习方式方法，对生成的新问题，自主思考解决问题的办法，自主调控学习进程。

②在成长档案中，分享同伴的学习经验。

教师的支持策略：

①观察、记录、解码、调整计划和材料，对不断出现的新问题、新需要、新思考，对其中蕴含的学习与发展的价值进行深入的分析和思考，借助环境材料、家长资源、问题情境等搭建隐性的学习支架，支持幼儿自我指导学习。

②适时指导幼儿选择学习方式和方法，自主发现和解决问题，推动游戏活动纵向深度拓展或横向跨区域拓展。

③收集整理区域游戏中的图片、视频、文字、表格、图画、手工制作等让幼儿分享学习进程，让家长了解幼儿的学习。

（三）生活课程教学相长与项目式区域课程生长逻辑的融合与成效

1. 生活课程教学相长与项目式区域课程生长逻辑的相互关系

（1）生活课程教学相长

生活课程是幼儿园课程体系的重要组成部分，它以幼儿的生活经验为基础，通过模拟和再现日常生活中的情境，帮助幼儿掌握基本的生活技能和知识，培养良好的生活习惯和价值观。在生活课程中，教学相长主要体现在以下几个方面：

①生活化情境促进教学：生活课程通过创设贴近幼儿生活的情境，让幼儿在熟悉的环境中学习，更容易激发他们的学习兴趣和积极性。这种情境化的教学方式不仅提高了教学效果，也促进了教师对幼儿生活经验的了解，从而不断调整和优化教学策略。

②实践操作与经验积累：生活课程注重幼儿的实践操作和亲身体验，通过让幼儿动手做、亲自体验，积累丰富的生活经验。这种实践性的教学方式不仅培养了幼儿的动手能力和自理能力，也让他们在实际操作中发现问题、解决问题，促进了他们的思维发展。

③情感交流与价值观培养：在生活课程中，教师通过与幼儿的情感交流，传递正确的价值观和生活态度。这种情感的互动不仅加深了师生之间的情感联系，也促进了幼儿对正确价值观的理解和认同。

（2）项目式区域课程生长逻辑

项目式区域课程则是一种以项目为驱动、以区域活动为载体的课程模式，它强调幼儿的自主探究和合作学习，通过完成项目任务来促进幼儿多方面能力的发展。其生长逻辑主要体现在以下几个方面：

①问题导向与项目设计：项目式区域课程以真实世界的问题为导向，设计具有挑战性和真实性的项目任务。这些项目任务不仅激发了幼儿的学习兴趣，也促进了他们对问题的深入思考和探究。

②跨学科融合与综合应用：项目式区域课程鼓励跨学科融合，让幼儿在完成项目任务的过程中综合运用多学科的知识和技能。这种跨学科的学习方式不仅拓宽了幼儿的知识视野，也促进了他们对知识的理解和应用。

③合作探究与自主学习：在项目式区域课程中，幼儿需要通过合作探究来完成项目任务。这种合作探究的学习方式不仅培养了幼儿的团队协作能力和社交技能，也促进了他们的自主学习和独立思考能力。

（3）两者的相互关系

①互补性：生活课程注重幼儿的日常生活经验和情感交流，而项目式区域课程则强调幼儿的自主探究和合作学习。两者在内容和形式上形成互补，共同构成了幼儿园课程体系的完整面貌。

②相互促进：生活课程为幼儿提供了丰富的生活经验和情感基础，为他们在项目式区域课程中的自主探究和合作学习提供了有力支持。同时，项目式区域课程中的挑战性和综合性任务也促进了幼儿对生活经验和知识的深入理解和应用，从而实现了教学相长。

③共同发展：生活课程教学相长与项目式区域课程生长逻辑相互促进、共同发展，共同服务于幼儿的全面发展。它们通过不同的方式和手段，促进了幼儿在认知、情感、社会性等多方面的成长和进步。

2.生活课程教学相长与项目式区域课程生长逻辑融合的主要成效

生活课程教学相长与项目式区域课程生长逻辑的融合，在幼儿发展和教师成长方面均可取得显著的成效。

（1）幼儿发展方面的成效

①综合能力提升：生活课程注重幼儿日常生活技能的培养，而项目式区域课程则强调跨学科知识的综合应用。两者的融合，使得幼儿在学习生活技

能的同时，能够运用所学知识解决实际问题，从而全面提升了幼儿的认知能力、动手操作能力、社会交往能力等多方面能力。

②学习兴趣与主动性增强：生活课程通过模拟和再现日常生活中的情境，激发了幼儿的学习兴趣。而项目式区域课程则以问题为导向，鼓励幼儿自主探究，进一步增强了幼儿的学习主动性和积极性。两者的融合，使得幼儿在学习过程中更加投入和专注，学习效果显著提升。

③情感与社会性发展：生活课程注重幼儿与教师、同伴之间的情感交流，培养了幼儿的同理心和合作意识。项目式区域课程则通过小组合作完成任务，进一步促进了幼儿的社会交往能力。两者的融合，为幼儿提供了更加丰富的情感体验和社会交往机会，有助于幼儿形成积极的情感态度和良好的社会性发展。

（2）教师成长方面的成效

①教学理念更新：生活课程与项目式区域课程的融合，促使教师重新审视传统的教学理念，更加注重幼儿的主体地位和全面发展。这种教学理念的更新，不仅提高了教师的教学质量，也促进了教师的专业成长。

②教学设计与实施能力提升：为了实现两种课程的有效融合，教师需要精心设计教学活动，确保既符合幼儿的生活经验，又能激发幼儿的探究兴趣。这一过程中，教师的教学设计与实施能力得到了显著提升。同时，教师在实践中不断反思和调整教学策略，也促进了其专业能力的持续发展。

③观察与评价能力增强：生活课程与项目式区域课程的融合，要求教师更加关注幼儿的学习过程和个体差异。因此，教师需要具备敏锐的观察力和准确的评价能力，以便及时了解幼儿的学习情况和发展需求。这种观察与评价能力的提升，不仅有助于教师更好地指导幼儿学习，也促进了教师自我反思和专业成长。

四、生长课程的评价

关于幼儿园教育的评价，《幼儿园教育指导纲要（试行）》中指出：“评价是为了了解教育的适宜性、有效性，调整和改进工作，促进每一个幼儿发展，提高教育质量的必要手段。”《幼儿园教师专业标准（试行）》也指出：“有效运用观察、谈话、家园联系、作品分析等多种方法，客观地、全面地了解和评价幼儿。”“有效运用评价结果，指导下一步教育活动的开展。”同时，《幼儿园保育教育质量评估指南》指出：“注重过程评估。重点关注保育教育过程质量，关注幼儿园提升保教水平的努力程度和改进过程，严禁用直接测查幼儿能力和发展水平的方式评估幼儿园保育教育质量。”“切实扭转重结果轻过程。”然而，在课程实践场域中，我们发现教师普遍面临以下困境：

· 不懂得如何观察幼儿从而影响课程评价的客观性和科学性。在课程实践过程中，教师对于观察内容、观察场域、观察方法、观察媒介的运用等缺乏专业实践认知。

· 对于“评什么、怎么评、谁来评”缺少完整的实践样态。教师对于“评什么”很“茫”，即在观察时教师处于比较茫然的状态，心中忽视了“初心”目标的存在，没有一定的计划性；对于“怎么评”很“忙”，教师忙于通过各种渠道接收有关幼儿的信息，容易陷入疲于做表征记录的困境，而缺乏根据输入信息辨析价值并输出回应；对评价的自主空间“谁来评”很“盲”，教师容易盲目付诸“自主”，而自己专业的支持却“黯然失色”，忽视了对专业评价工具和方法的有效运用，如运用观察媒介、评价工具、过程结果分析等。

我们将结合幼儿园沉淀的课程实践经验，从普遍容易存在的问题中找寻关键解决路径“关注课程活动过程中的观察倾听”“支持儿童视角的课程评价探索”，以期为大家提供参考和借鉴。

（一）关注课程活动过程中的观察倾听

在幼儿园生长课程评价中，做好观察倾听是课程评价中的关键环节，它们对于课程评价具有重要的促进作用。教师需通过细致的观察来收集相关信息，通过倾听来理解幼儿的需求和感受，再以适当的回应来支持幼儿的学习和发展。这一连贯的过程确保了幼儿园生长课程的评价能够真实、准确地反映幼儿的成长，并为他们的未来发展提供有力的支持。

1. 观察倾听与课程评价的关系

（1）获取直接反馈，审视课程的适宜性。教师通过观察幼儿在不同活动中的表现，可以直接收集到幼儿的学习和发展情况；通过倾听，可以获取幼

儿对课程的直接反馈，了解他们对学习活动的看法和体验，这有助于评价课程的适宜性，也是评价幼儿是否达到课程目标的直接来源。

（2）理解幼儿想法，增强评价的客观性。观察可以减少对幼儿学习成果的主观臆断，教师的评价将基于实际观察到的具体行为和表现；倾听幼儿的想法和感受可以帮助教师更好地理解幼儿的思维过程和情感状态，这对于全面评价幼儿的学习至关重要。

（3）识别个体差异，确保评价的有效性。观察倾听帮助教师理解每个幼儿的个别差异，包括他们的学习风格、兴趣和需求，有助于教师进行个性化的课程评价；可以根据幼儿的个别差异和成长表现，及时调整教学策略，对于评价课程内容和教学方法的有效性至关重要。

2. 做好观察倾听对课程评价的意义

（1）全面性：观察倾听提供了全面评价幼儿发展的多个维度，包括认知、情感、社交和身体运动等。

（2）准确性：观察倾听收集到的信息更加准确和具体，有助于教师作出更精确的评价。

（3）及时性：观察倾听可以实时捕捉幼儿的行为和反应，使教师能够及时调整课程内容和教学方法。

（4）参与性：观察倾听鼓励幼儿和家长参与到评价过程中，使评价更加民主和包容。

（5）反思性：观察倾听促进了自我反思，有助于教师评价自己的教学实践，不断提升教学质量。

（6）适应性：观察倾听有助于教师了解幼儿的适应性，评价课程是否能够灵活应对不同幼儿的需要。

（7）持续性：观察倾听是一个持续的过程，它们支持对课程的持续评价和改进，确保课程始终适应幼儿的发展。

3. 观察倾听中的观察取向

（1）幼儿层面

①幼儿的学习与发展

教师在课程活动中观察幼儿时，可以根据课程发展目标，围绕幼儿学习与发展的五大领域关键经验进行。在观察过程中，教师应该保持客观和敏感，注意记录具体的行为和语言实例。观察的结果将有助于教师更好地理解幼儿的发展水平，从而为他们提供更有针对性的支持和指导。同时，也为评估和反思课程活动的有效性提供重要依据和手段，有助于教师不断优化教学策略，以满足幼儿的个性化学习需求。

②幼儿的学习策略

问题解决：观察幼儿在面对挑战或解决问题时所采用的策略和方法，以及他们如何应对失败和尝试新的问题解决方案。

合作与交流：观察幼儿在游戏中与同伴合作的情况，以及他们如何通过语言和非语言方式进行交流和协商。

创造力和想象力：观察幼儿在课程活动中展现的创造力和想象力，以及他们如何将个人经验融入学习过程中。

（2）课程层面

①课程活动内容本身

活动内容的相关性：观察课程活动是否与课程的学习目标紧密相关，以及幼儿是否能够通过这些活动达到预期的学习目标。

幼儿的参与度：观察幼儿在课程活动中的参与程度，包括他们的注意力、兴趣和积极性。

学习深度：观察幼儿是否仅仅在表面上参与活动，还是真正深入地探索和理解课程内容。

②课程脉络走向逻辑

从生长课程脉络走向的逻辑思考，观察的焦点应是生长课程如何响应幼儿的发展需求，以及生长课程内容和活动是如何有机连接和支持幼儿学习的连续性和深化。教师可以评估生长课程是否具有清晰的脉络和逻辑，是否能够有效地支持幼儿的连续学习和全面发展。这样的分析有助于教师更好地理解生长课程的影响，并根据需要进行调整和优化。

生长课程目标的连贯性：观察生长课程目标是否与幼儿的年龄、发展阶

段和个别差异相匹配，如何针对幼儿的实际情况进行相应的推进调整。

横联系生长课程：观察不同学习领域（如语言、社会、科学、艺术等）之间是如何相互关联，以及教师如何支持幼儿进行跨领域的学习，让幼儿形成一个统一的学习体验。

纵向衔接生长课程：观察课程如何为幼儿提供建立在先前知识经验基础上的新挑战，促进幼儿新旧经验链接及经验的提升和深化。

生长课程内容的适宜性：观察课程内容是否适合幼儿的兴趣和能力，以及能否激发他们自主学习潜能。

生长课程的灵活性和适应性：观察课程是否能够根据幼儿的反应和进展进行适当的调整，观察幼儿在课程中的学习成果是否能够持续到其他学习环境和日常生活中。

③课程价值取向

通过对幼儿在不同价值取向下的观察，教师可以更全面地了解幼儿的学习和发展情况，从而为他们提供更适宜的教育和支持。同时，这也有助于教师更好地评价生长课程的有效性和适应性，以促进幼儿的全面发展。

发展性价值取向：观察幼儿的个性发展和潜能挖掘，包括幼儿的兴趣、动机、学习策略和问题解决能力。

行为主义价值取向：观察幼儿的外在行为和表现，如幼儿对特定刺激的反应、习惯养成和行为模式。

认知发展价值取向：观察幼儿的认知能力，包括逻辑思维、概念理解和语言表达能力。

社会建构主义价值取向：观察幼儿在社交互动中的表现，包括合作、沟通和角色扮演等社交技能。

情感人文主义价值取向：观察幼儿的情感表达、创造力和自我实现，以及他们如何与同伴、教师建立情感联系。

文化相关价值取向：观察幼儿的文化背景如何影响他们的学习和发展，以及他们如何适应和融入多元文化环境。

生态学价值取向：观察幼儿在不同生态环境中的表现，包括家庭、学校和社会，以及这些环境如何相互作用影响幼儿的发展。

批判性价值取向：观察幼儿是否能够提出问题、质疑和反思，以及他们是否能够表达自己的观点和意见。

美学价值取向：观察幼儿在艺术活动中的参与和表现，包括音乐、美术和戏剧等方面的审美体验和创造性表达。

科学探究价值取向：观察幼儿的科学探究过程和问题解决能力，包括实验、观察日记和科学讨论等活动。

身体运动价值取向：观察幼儿的身体发展和运动能力，以及他们在体育活动和体能测试中的表现。

生活技能价值取向：观察幼儿在日常生活中的表现，包括自我照顾、时间管理和家庭生活技能等方面。

④课程评估

观察课程的评估机制，包括教师如何收集和分析幼儿的学习数据，以及如何利用这些数据来调整教学策略；观察幼儿的自我评估和同伴评估过程，了解他们对自己学习的反思和评价能力。

（3）教师层面

①教师的角色

引导与支持：观察教师如何在课程中扮演引导者和支持者的角色，包括提供指导、鼓励探索和促进幼儿之间的互动。

评估与反馈：观察教师如何评估幼儿的学习成果和行为表现，以及他们如何提供建设性的反馈，帮助幼儿改进和成长。

②教学互动

观察教师与幼儿之间的互动模式，包括教师的提问方式、反馈和激励策略，以及幼儿的反应和参与；观察幼儿之间的互动，了解他们如何通过对话、合作和共同活动进行社会性学习。

③技术整合

观察技术如何被运用整合到课程中，包括使用信息技术和资源来支持幼儿的学习；幼儿如何使用教师所支持的技术和资源进行创造、交流和研究，

以及技术如何促进他们的学习和发展。

（4）其他空间支持

①教学环境

观察教学环境的布局和资源利用，包括空间安排、材料准备和时间管理，以及这些因素如何影响幼儿的学习；观察环境是否支持幼儿的自主学习和探索，以及是否提供了安全和包容的学习氛围。

②家长参与

观察家长在课程活动中的参与程度，包括他们的支持、反馈和与教师的沟通；观察家长参与对幼儿学习态度和行为的影响，以及家长如何与幼儿一起在家中延伸幼儿园的学习活动。

③文化背景

观察课程内容是否反映和尊重幼儿的文化背景，以及如何在教学中融入多元文化元素；观察幼儿如何将自己的文化经验带入学习中，以及这些经验如何被课程所认可和利用。

4. 观察倾听中的媒介选择

媒介的选择和使用应基于观察的目的、幼儿的年龄和发展阶段，以及教育环境的具体条件。通过多样化的观察媒介，教师可以获得更全面和丰富的数据，从而更好地支持幼儿的学习和成长。

（1）技术辅助

· 视频记录：使用视频摄像头捕捉幼儿在课堂、游戏和其他日常活动中的行为和互动；记录幼儿的表情和肢体语言，帮助分析他们的情绪反应和社交技能。

· 音频记录：通过手机录音设备等记录幼儿活动时的语言，如录下幼儿交流讨论情况，评估其行为折射的学习发展情况及下一步的教育契机。

· 照片记录：用相机捕捉幼儿参与活动的瞬间，如科学实验、户外游戏等；记录教室和学习空间的布置，分析环境对幼儿行为的影响。

· 数字工具应用：利用互动式白板或相关教育应用程序来记录和展示幼儿的学习过程和成果。例如，在科学探究游戏环节中，互动式白板可以记录幼儿探索的过程，帮助教师了解他们发现游戏问题的思考逻辑和问题解决的策略。

· 社交媒体：在家长同意的情况下，使用社交媒体分享幼儿的学习经历和成果，同时也可以作为观察和记录的工具。例如，班级利用微信小程序等可以定期发布幼儿的艺术作品和学习心得，家长和教师的评论可以提供额外的观察视角。

（2）日志和日记

教师或幼儿可以保持日常的日志或日记，记录下在特定时间段内的重要事件、行为或学习活动。例如，幼儿可能会有一个“活动日记”，他们可以用绘画的方式记录他们一天中最喜欢的活动。

（3）其他观察方式

· 幼儿作品集：收集幼儿的绘画、手工等作品，以便分析他们在不同时间点的发展和学习进程。幼儿自制的书籍、图表或其他视觉艺术作品，可以作为他们理解和表达知识的媒介。比如，通过比较幼儿在不同年龄阶段绘制的同一种动物的图画，可以观察其艺术技能和认知理解的发展。

· 幼儿访谈：与幼儿进行个别或小组访谈，了解他们对某些活动、经历或学习主题的看法和感受。

· 同伴评价讨论：让幼儿相互评价和讨论彼此在活动中的表现，有助于提供不同的视角，并促进社交和语言能力的发展。如在完成一个团队项目后，小组成员可以一起讨论每个人的贡献以及他们觉得可以改进的地方。

· 环境映射：在环境映射中，教师会精心设计各种活动区域和学习情境，以触发和观察幼儿的特定行为和学习动态。利用图示或地图来记录幼儿在特定环境中的活动区域和行动路径，来评估和理解幼儿的行为、兴趣、互动模式和发展水平。例如，在一个多功能的游戏室内，通过环境映射可以观察幼儿更倾向于在哪些区域玩耍，以及各个区域之间的流动性。又如，在一个富有创造性的艺术区角落，可以放置各种绘画和手工材料，教师随后可以观察幼儿如何选择材料、他们的创作过程以及如何与同伴协作或独立工作。同样，在角色扮演区，通过设置超市、厨房等场景，可以观察到幼儿在模拟游戏中

的社交交流和问题解决技巧。通过这些特定的环境设置，教师能够捕捉到幼儿在不同刺激下的自然反应，从而获得关于他们发展阶段和学习需求的宝贵信息。这种方法有助于教师更精准地了解每个幼儿的独特需求，进而提供更有针对性的教育支持。

5. 观察倾听中的场域支持

观察倾听场域指的是幼儿在学习和日常活动中所处的具体环境，这些环境能够支持并促进幼儿的观察和倾听，并帮助教师全面、深入地了解幼儿在不同环境下较为客观、自然的行为和表现，从而更科学地开展课程评价。在这里，我们从日常生活、自然场景、游戏、特定专门环境四个场域来划分。

观察倾听的场域支持

场域类型	场域内容
日常生活场域	幼儿园一日生活的各个环节
自然场景场域	幼儿园动植物生长的生态园、小果园、种植园、户外活动场、沙水活动区、研学活动有关户外自然场所（公园、博物馆等）
游戏场域	幼儿园室内外各种游戏活动区、幼儿园混龄游戏节活动等
特定专门场域	幼儿园集中教学活动、幼儿园德育活动、节日活动、项目活动、功能馆活动等

（二）支持儿童视角的课程评价探索

儿童视角的课程评价是一种将幼儿的需求、感受和意见作为课程设计和评价核心的方法。在这种评价方式中，幼儿不仅是教育的对象，也是教育过程的共同创造者。通过倾听和赋予幼儿表达自己看法的机会，教师可以更深入地理解幼儿的学习和发展需求，进而调整课程内容和教学方法，使之更适合幼儿的成长。儿童视角的课程评价具有参与性、反思性、连续性、多样性等特点。它赋予幼儿通过各种方式（如绘画、语言、游戏、角色扮演等）参与课程的评价过程。它不仅关注结果，也重视生长课程实施的过程，鼓励幼儿用自己的方式反思自己的学习经历。而儿童视角的课程评价是一个持续的循环过程，需要我们不断收集幼儿的反馈，以便及时调整教育策略。教师可以使用多种工具和方法来捕捉幼儿的学习与发展情况，确保不同年龄和能力的幼儿都可以表达自己的想法。这种评价方法的核心在于尊重并体现幼儿的主体性，确保评价过程对幼儿的发展有积极的支持作用。

1.WHW 维度的儿童视角课程评价

WHW 维度表示评什么（what）、怎么评（how）、谁来评（who）三个维度，我们依据以上三个维度在实践中梳理了以下具体思考方式。

（1）评什么（what）

· 学习过程与方法

参与度：评估幼儿在活动中的主动性和积极性，例如他们是否愿意尝试新活动，以及他们在活动中的持久性和热情。

互动交流：观察幼儿与同伴和教师之间的沟通交流，包括合作任务时的互动和日常对话中的沟通能力。

解决问题的策略：观察幼儿在面对挑战时使用的策略和方法，以及他们如何通过尝试和错误学习。

· 学习态度与情感

兴趣和好奇心：评估幼儿对学习内容的兴趣程度和主动探索的行为表现。

情绪体验：观察幼儿在学习过程中展现的情绪变化，如快乐、挑战时的应对等。

· 学习成果

知识和技能：评价幼儿在课程中所获得的具体知识和技能，如数理逻辑能力、语言表达能力及艺术创造能力。

情感态度：关注幼儿的情感发展，包括他们对学习的态度、对新挑战的接受程度以及与同伴的社交情感交流。

经验应用：观察幼儿是否能将习得的经验应用到日常活动和新情境中。

（2）怎么评（how）

· 使用观察记录：教师可以借助活动媒介，系统性地记录幼儿在活动的表现，包括他们的互动、注意力集中情况以及情感表达。在日常活动中，教师可随时记录幼儿的自发行为和反应，捕捉幼儿在自然状态下的真实表现。

·幼儿自我评价：可以借助多种媒介，让幼儿通过绘画或其他形式的作品来表达他们的学习体验和情感状态。还可以定期与幼儿进行访谈或讨论，了解他们对活动的看法和感受，提供给他们表达直观体验、感受课程的机会。

（3）谁来评（who）

·教师评价：教师是评价过程的主要执行者，通过系统的观察和记录来评估幼儿的学习过程和成果，利用专业知识来解释观察到的行为，做出教育上的决策和调整。教师在日常互动中还可以进行即时的评价，这种评价往往是形成性的，用于指导未来的教学策略。

·幼儿自评：鼓励幼儿通过绘画、讲故事等方式来表达自己的学习体验和情感状态。让幼儿在某些活动的选择和规则制定中有一定的发言权，增加他们的参与感和自主性。

2. 过程·结果维度的儿童视角课程评价

（1）过程评价维度的取向思考

·课程目标的制定：应基于幼儿发展的需要，使幼儿在教师引导下获得新的发展；通过观察、判断来掌握幼儿的学习兴趣和活动需要，选择符合其“最近发展区”的活动作为课程内容；根据幼儿的兴趣、需要和班本实际等确定课程目标。

·课程内容的选取：课程内容体现儿童本位，与幼儿的发展紧密相连，应包含基本态度、知识、技能和行为方式等全面内容。选择课程内容时，要着眼于周围环境、材料和幼儿活动空间的作用，珍视幼儿游戏和生活的独特价值，充分利用生活中的材料和发生的事件作为课程内容。

·课程实施的方式：在课程实施过程中，教师是否为幼儿创设情境，为幼儿提供自主参与、选择、表达、表现与学习的机会。教师要善于捕捉、整理和分析幼儿的学习经验和需求，在与幼儿的实际交往中，根据他们的具体行为变化来及时调整课程目标。

·课程审议的实施：改变课程实施模式，给课程留白，让师幼共同决定活动的开展等；通过儿童会议的研讨、班级个别化学习活动观摩等方式，分析幼儿状态和对话，寻找课程研究的价值点；建立班级—年段—园级的三级审议制度，以保障课程审议的有效性和课程实施的成效。

（2）结果评价维度的策略思考

·评价方式的多样化：注重评价的民主化和科学化，评价方式需要更加多样化和灵活，充分考虑儿童的需求和兴趣。评价应以促进儿童的发展为目的，注重评价方式的多样化和民主化。

·评价内容的全面性：评价内容不仅要包括知识技能的掌握，还应包括情感态度和价值观的形成。关注学习成果是否具有可持续性，能否为幼儿的未来学习和生活奠定坚实基础。

·评价主体的多元性：教师和幼儿都是课程作用的对象，也是课程实践的主体，他们最有发言权，所以课程应从班级而来。同时，家长是幼儿园建设的重要参与者，也是课程审议的主体之一，可以通过家长会、家教沙龙、家长开放日等方式，与家长对话，了解幼儿发展状况和兴趣、需要。

（3）幼儿多角度参与的儿童视角课程评价

在幼儿园生长课程中，我们尝试以幼儿评价主体参与课程评价，试图为教师全面观察了解幼儿、评估调整课程、促进幼儿全面协调发展提供另外一个儿童视角。这不仅促进了幼儿的自我认知和反思能力，还增强了他们的参与感和责任感。

·儿童会议参与评价

儿童会议简而言之就是幼儿自己的会议，幼儿作为组织者、参与者、讨论者、决策者，商量讨论决定关乎自己活动的会议。它是在幼儿课程活动中，幼儿作为与会主体围绕一定话题或问题自由表达、交流自己的观点，围绕问题关键词进行讲述。儿童会议参与评价是一种涉及幼儿直接参与课程评价的方法，它强调幼儿在评价过程中的主体地位和声音。这种评价方式不仅关注幼儿的学习成果，更重视他们的学习过程、情感体验和参与度。在儿童会议中，幼儿可以借助多元表征（图画、符号、语言、动作等）表达自己的情感、反思评价自己或同伴的活动过程。同时，在儿童会议中，幼儿还可以轮流分享自己的学习成果，其他小伙伴提供正面肯定和建设性的反馈。儿童会议参与评价增强了幼儿之间的交流和合作，他们学会了如何给出和接受他人的反

馈，培养了批判性思维和同理心。

· 可视化参与评价

我的活动日记：每个幼儿拥有一本“我能感受到”活动日记本，这个日记本成为幼儿表达自己情感和反思自身学习的工具。他们可以每天用绘画的方式记录下他们在幼儿园的感受、经历或遇到的困难。教师可以通过这本活动日记了解幼儿活动的学习与发展情况、活动探究内容、活动困难等，以便全面地评估幼儿的发展情况来调整课程。

我的朋友圈：在室内创建一个幼儿互动式评价墙——我的朋友圈，幼儿可以用绘画的形式在“朋友圈”发表自己所见所闻所感，其他小伙伴可以用便签纸点赞、绘画评论的方式与其进行互动。幼儿还可以将自己的感受、成就和需要改进的地方贴在“评论区”，参与评价过程，增加其参与感。

我的时间胶囊：幼儿定期（如每学期末）记录他们的成长和学习情况，将这些记录放入“时间胶囊”中，并在特定时间（如下一学期开始）打开胶囊，回顾和讨论成长。幼儿通过简单的图示或口头表达方式回顾、对比自己的成长，尝试反思自己的学习和行为，发展自我调整的能力。这个阶段的回顾不仅让幼儿参与到评价过程中，还能帮助他们看到自己的长期进步和成长，增强他们的成就感和自信心。

四星成长树展示板：围绕“会游戏”“好习惯”“乐分享”“有创意”四方面创设幼儿成长树展示板，幼儿每周根据自己和同伴的表现讨论评出相关“四星”好孩子，并将评选结果用图片、绘画表征的形式展示在“成长树”上。幼儿还可以在成长树上分享自己的学习过程和成果，学会欣赏和评价同伴。

数学游戏评价：利用具体的游戏情境，鼓励幼儿借助游戏化的数学图表工具，设计评价任务，将学习目标融入游戏场景中，让孩子们在玩乐中完成自我评价。游戏化评价可以提高幼儿的参与度和动力，同时通过图表数据分析跟踪不同幼儿在特定活动区的学习与发展情况，为教师提供更有针对性的教学支持。

· 信息互动参与评价

利用家庭资源、信息技术等，幼儿可以通过信息技术打开获得关于他们表现的反馈，比如班级 QQ 群、微信群、家园互动小程序等即时反馈机制，让幼儿直观了解、回顾他们的学习活动情况。这种策略给家长机会了解孩子在园所的学习情况，鼓励幼儿在家庭环境中也继续学习和自我评价，促进家园合作。

综上所述，儿童视角的课程评价策略不仅使幼儿成为评价的主体，还帮助他们发展了自我评价和反思的能力，这对于他们的长期学习和成长至关重要。幼儿不仅能更好地理解自己的学习过程，还能增强其主动学习和解决问题的能力。同时，它强调了教育过程中对儿童主体性的尊重和倾听，以及对教育活动全过程的深入理解和反思。幼儿园可以更全面地从过程中监控和从结果上评估生长课程的有效性，同时确保幼儿的声音和经历被课程设计和评价过程所尊重和反映。这样的评价机制不仅促进了教育质量的提升，也支持了幼儿的主体性发展。此外，在实施这些策略时，教育工作者应始终保持对儿童需求的敏感性和对教育实践的反思性，以确保课程评价既科学又具有人文关怀。同时，还需要不断更新教育观念，提升专业能力，以适应不断变化的教育需求和挑战。

篇章六

家园之融
——生长型家园关系和谐构建

生长型家园关系是一种充满动态变化且积极互动的有机联结，它并非静态固定的模式，而是围绕自然生长理念，充分尊重幼儿的天性和发展规律，为幼儿提供适宜的条件和引导，让幼儿能够按照自身的节奏自然而又健康、快乐地成长。

在这种关系中，家庭与幼儿园需协同共进，保持密切沟通，及时共享幼儿在不同环境下的表现及变化。家长与教师不再只是单纯地分工合作，他们共同成为幼儿成长道路上的引导者与陪伴者，并且相互学习、彼此促进，一同提升教育素养与能力。此关系十分注重培养幼儿的自主性与创造性，给予他们充足的空间去探索和尝试，让幼儿能在自然发展过程中逐步绽放光芒，家长与教师需以开放心态接纳幼儿的每一次进步与挫折，为其提供鼓励与支持，使他们具备面对挑战的勇气和信心。同时，这种关系还着重强调环境的营造，不管是家庭环境还是幼儿园环境，都要致力于为幼儿营造一个充满爱、尊重和包容的氛围，让幼儿可以在其中自由且快乐地成长。

一、共享沟通的生长型家园关系培育

深化沟通的基础上，生长型家园关系的培育至关重要。这不仅是情感连接，更是基于共同目标和价值观的深度合作。在培育过程中，在共享沟通的家园关系构建中，有四个方面至关重要。

（一）开展互动式或体验式的家园活动

让家长换位成幼儿，亲身去体验他们的学习和生活，从而明白如何更有效地指导和帮助幼儿，促使他们自主生长。比如，在幼儿园组织的“创意搭建挑战”活动中，家长们要像幼儿一样用各种积木、道具进行创意搭建，在这个过程中他们会遇到空间想象、平衡把握等问题，从而更理解幼儿在探索和创造时的思维方式；或者举办“童话角色扮演”，家长和幼儿分别选择角色，根据童话故事的情节进行表演，家长能体会到幼儿在扮演过程中的快乐和对故事的理解；还可以有“自由绘画时间”，家长和幼儿一起拿着画笔，在纸上随意涂鸦创作，感受幼儿那种无拘无束的表达欲望。通过这些活动，家长能深入地了解幼儿在各种情境下的状态和需求，为他们提供更契合的支持，助力幼儿自主而全面地生长。

（二）开放“云端生长直播间”

教师定期解读自然生长理念、课程细节和目的，帮助家长深入理解。同时，实时展示幼儿活动精彩瞬间，让家长如临其境，直观了解幼儿表现，这也是即时性评价的体现。

例如，直播自主开放的“六馆”，家长看到幼儿积极探索、自由创作和大胆建构，深刻认识到自然生长理念对幼儿思维和兴趣培养的重要性，纷纷留言表达认可，提出增加实践活动、加强互动交流等建议。这促使幼儿园优化课程设置和活动安排，教师更注重与家长沟通合作。家长也会在家庭教育中注重培养幼儿的自主性和创造性，减少限制和干预，尊重幼儿的选择和兴趣，将自然生长理念融入家庭环境，让幼儿在有利身心发展的氛围中健康成长。

直播空中种植园，家长能目睹动植物变化和幼儿解决问题的过程，深入了解自然生长理念内涵，明白幼儿在探索中的经历与收获，从而更加理解和支持幼儿园教育活动，积极参与幼儿成长，与幼儿共同面对和解决问题，实现家园共育，让幼儿在丰富环境中健康快乐成长。这种全方位的影响，让幼儿在自然生长道路上获得更全面、持续的进步。

“云端生长直播间”的开展，让家长能够实时了解幼儿们在园的各种情况，无论是教育教学的开展还是游戏活动的进行。通过这种方式，家长能更好地掌握幼儿在园的动态，以便给予更有力的生长支持。

（三）注重个性化的沟通和交流

每个幼儿都有其独特的优势和特点，比如有的幼儿对天文知识有着浓厚兴趣，总是能提出各种关于星球的新奇问题；有的幼儿身体协调性特别好，在运动方面展现出卓越的天赋；有的幼儿有着极高的同理心，对他人的情绪能敏锐感知。而每个家长也有着不同的性格和特征，有的家长非常理性，注重数据和事实；有的家长则情感细腻，更关注幼儿的内心感受。

老师需要不断尝试不同的沟通方式与家长交流。对于理性的家长，老师可以用具体的数据和案例来阐述幼儿的表现和进步，如幼儿在科学实验中的具体成果；对于情感细腻的家长，老师则要更多地分享幼儿在情感方面的细节，如幼儿如何关心帮助小伙伴的温暖举动。

在关注幼儿个性化特征方面，老师要极其敏锐。比如面对天文知识感兴趣的幼儿，老师可以专门为他组织一次天文观测活动，邀请家长一起参与，并在活动后与家长深入交流幼儿在这方面的强烈兴趣和潜力，引导家长为幼儿提供更多相关书籍和参观天文馆的机会；对于身体协调性好的幼儿，老师可以组织一些小型的体育竞赛活动，邀请家长观看，让家长亲眼看到幼儿在运动方面的出色表现，从而与老师一起探讨如何进一步培养幼儿的体育才能；对于同理心强的幼儿，老师可以安排一些角色扮演活动，让幼儿担任照顾者等角色，然后将幼儿在活动中的优秀表现反馈给家长，使家长意识到幼儿这方面的特质，鼓励家长在日常生活中培养幼儿的这种品质。

通过这样个性化的沟通和交流，努力挖掘幼儿的潜能，使家长也能关注到幼儿的这些优势和特点。通过深入细致的个性化工作，为每个幼儿创造最适合他们发展的环境和条件，让每个幼儿都能绽放出独特而耀眼的光芒。

（四）举办自然生长家教沙龙

在沙龙活动中，家长们可以聚集在一起，分享各自在幼儿教育过程中的经验、困惑和感悟，互相学习和启发，可以邀请教育专家进行专题讲座，为家长们提供更专业的指导和建议。通过这种交流平台，家长们能更深入地探讨和理解幼儿自然生长的理念和方法，共同为幼儿的健康成长营造良好的氛围。

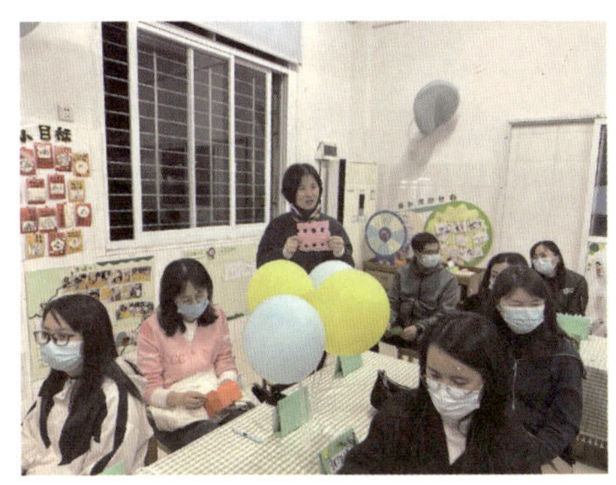

二、创意探究的生长型家园关系构建

（一）开辟“生长故事分享空间”

“生长故事分享空间”是一个特别的存在。无论是教师还是家长，都可以在这里分享幼儿在自然生长过程中的独特故事。家长们可以上传幼儿在家中与自然相关的有趣经历的视频或图文，积极地分享幼儿在家中的各种有趣故事。比如，幼儿在家的创意游戏、脑洞大开的创意想象；幼儿好奇地摆弄家中的小物件，试图搞清楚它们的用途；幼儿们用家里的用具创意装扮猪八戒、孙悟空的模样等。

教师们则把幼儿们在园内的探索故事带进来，比如幼儿们一起合作完成一个小任务，或者幼儿们在探索大自然时新奇的发现，或者某个幼儿勇敢地尝试新的游戏项目。这些园内的探索趣事，形成一个丰富多元的生长故事库。通过对这些故事的探讨和交流，全面了解幼儿在不同场景下的状态和发展，进行深入的过程性评价分析。

这个空间成为大家交流幼儿成长点滴的重要场所，这些故事生动地展现了幼儿在不同场景下的状态和表现，让大家能全面了解幼儿的个性特点和发展需求。通过对这些故事的深入分析，我们可以更好地把握幼儿的成长动态，为个性化教育提供有力依据。

（二）设立“自然生长创意工作坊”

我们精心打造的“自然生长创意工作坊”，是一个洋溢着创意与探索氛围的独特空间，是家长和幼儿们创意的乐园，也是一个充满奇思妙想的地方。

我们会定期按照不同年段开展一些创意活动，比如大班的家长和幼儿们，利用各种大小的纸箱、纸盒，还有大量的废旧材料等开展创意手工活动，一起制作机器人，在这个过程中，大家的创意不断涌现，亲子间的关系也更加亲密。

在家里，幼儿们和家长也有着各种各样的创意成果。可能是幼儿自己发明的小物件，也可能是亲子共同的创意发现，如有趣的科学小实验，对不同植物生长环境的观察。如分别在小黑屋、有窗格的屋子和开放的屋子中种植豆芽，或者在土里、水里、棉花沾水等不同条件下种植豆芽，观察它们生长

的不同状态，这些独特的发现都可以带到工作坊来分享，这里为幼儿们的创意发现提供了平台。有时，老师们也可以设定一个主题，比如中班幼儿想表演故事《三打白骨精》时，如何来装扮人物角色呢？家长们和幼儿们在家中就开始了创意之旅。幼儿们和家长一起利用家里的各种袋子、破布、旧服装等材料，发挥奇思妙想，尝试装扮成猪八戒、孙悟空等经典角色。家长们和幼儿一起动手，剪出各种形状，用巧妙的方式将这些材料组合起来，让幼儿们摇身一变，成为他们喜爱的角色形象。之后，幼儿们兴奋地将自己的创意装扮成果带到创意工作坊来进行分享。在这个充满欢乐氛围的分享会上，幼儿们可以尽情欣赏每个小朋友独特的装扮，感受各种创意的碰撞。他们在这个过程中不仅体验到了创造的乐趣，也学会了如何用简单的材料进行装扮，更在与家长的互动中收获了满满的爱和成长。在这个自然生长的过程中，幼儿们的想象力、创造力以及动手能力都得到了极大的锻炼和提升，他们在欢声笑语中不断进步，不断探索，展现出属于他们自己的精彩与活力。大家在交流与分享中共同感受创意带来的欢乐和惊喜。

通过这种充满创意和互动的方式，真正让这个创意工作坊成为幼儿们探索自然、发挥创意的乐园，也让家园共育在这种独特的体验中更加紧密和深入，大家一同见证幼儿们在自然生长过程中的每一个精彩瞬间和成长进步。

三、和谐共育的生长型家园关系推动

在协同共育的过程中致力于支持幼儿的成长，这需要家庭和幼儿园共同发力，齐心协力地为幼儿的成长提供强大的助力。

（一）共同创建“个性化成长计划”

尊重每个幼儿的独特个性，给予他们充分的自由去探索和表达。家长和老师之间保持紧密且频繁的沟通交流，深入地去认识和了解幼儿的兴趣爱好、展现出来的优势特长以及那些还有待进一步提升的地方。基于这些了解，为每个幼儿精心打造出只属于他们自己的独特成长计划。在这个计划里，清楚地明确了幼儿在不同成长阶段所应达到的发展目标以及重点关注的方面，同时也明确了为了帮助幼儿实现这些目标所需要的各种支持和资源。

老师们会根据这个计划，在日常的教育教学活动中给予有针对性的引导和激励，为幼儿创造出多种多样可以充分展示自我的机会。而家长们则要在家庭环境中延续这种个性化的培养方式，为幼儿提供适宜其发展的环境和条件。比如当发现幼儿对绘画有着浓厚兴趣时，就在家中专门设置一个绘画角，并准备好丰富多样的绘画工具。与此同时，家长要积极主动地参与到幼儿的成长过程中，和幼儿一起去探索新事物、尝试新活动，共同分享成功时的喜悦以及吸取失败后的经验教训。

通过家庭和幼儿园共同努力建立起来的个性化成长计划，能够真正去发现和认识幼儿自身所蕴含的成长力量，竭尽全力地支持他们自由且富有个性地健康茁壮成长，从而让每个幼儿都能够绽放出独属于自己的耀眼光芒。

（二）建立家长互助资源库

建立家长互助资源库，这是一个充满爱与共享的宝库。家长们根据自身的专业、特长或资源优势，积极向资源库中贡献力量。比如，有的家长是艺术工作者，可以提供艺术创作的指导和材料；有的家长擅长手工制作，可以录制一些有趣的手工教程放入资源库中。

同时，家长们还可以将家中闲置的但适合幼儿成长的物品捐赠出来，丰富资源库的内容。幼儿园方面则负责对这些资源进行分类整理和管理，建立便捷的检索系统，以便家长和老师能够快速找到所需的资源。

在日常生活中，当幼儿有个性化的成长需求时，家长和老师可以从资源库中寻找相应的支持，为幼儿提供更具针对性的帮助。而且，家长们之间也

可以通过资源库进行交流和互助，互相借鉴好的经验和资源，共同促进幼儿们的个性化成长。大家齐心协力，让这个资源库不断壮大和完善，成为幼儿们成长道路上的有力支撑。

（三）设立家长智囊团

家长智囊团，是幼儿探索过程中的强大后盾。家长们凭借各自丰富的阅历和专业知识，积极参与到幼儿园的各项活动中，支持幼儿的生长。幼儿在各种探索活动中常常遇到许多困难，如幼儿在探索口腔灯相关实验时，智囊团中身为口腔科医生的家长便及时出现，凭借专业知识给予详细的解答和精准的引导，帮助幼儿们突破瓶颈；当幼儿开展艺术创作活动时，有艺术专长的家长主动加入，分享创作技巧和灵感，激发幼儿们的无限创意；当幼儿对娃娃机制造很感兴趣时，身为物理老师的家长积极响应，他们走进课堂，深入幼儿中间，针对娃娃机中气压原理等知识，用通俗易懂的方式耐心讲解，并且通过实际操作等直观的形式让幼儿深刻理解，为幼儿的探索活动提供强大的专业支持。

特别是幼儿进行食育课程的探索时，得到了众多爱心妈妈尤其是厨房高手的大力支持。他们充分发挥专长，走进课堂，为幼儿详细演示各种美食的制作过程，传授烹饪技巧和饮食知识，让幼儿在充满趣味的食育课程中收获满满。他们耐心地解答幼儿对于食物的各种好奇和疑问，给予幼儿最直观、最生动的食育体验。

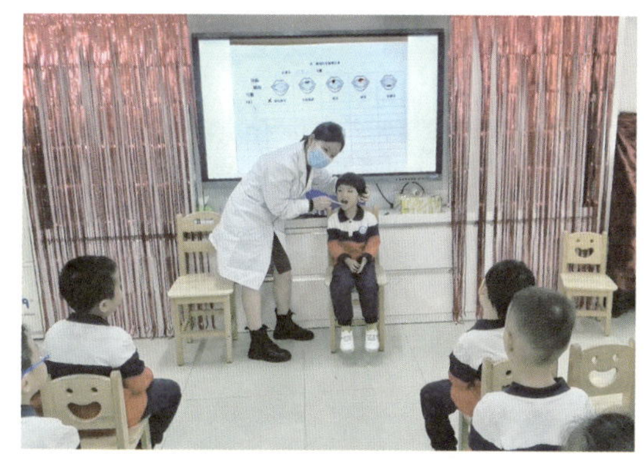

家长智囊团还能协助老师策划更具创意和挑战性的活动，提供新颖的思路和建议。他们走进课堂，与幼儿亲密互动，用自己的故事和经验激励幼儿勇敢尝试、不断探索。在户外活动中，智囊团的家长充当安全守护者和乐趣激发者，在确保幼儿的安全同时，鼓励他们大胆去发现大自然的奥秘。通过家长智囊团的全力支持和积极参与，幼儿的探索之旅变得更加丰富多彩和富有成效。

我们还成立了“家庭小分队”，以家庭为单位组织各种亲子活动，如户外探险、古城探秘、科技游玩等，增进亲子关系，促进家庭与幼儿园之间的紧密合作，共同为幼儿的自然生长创造良好的环境。

通过以上各方面的努力，我们在家园共育的道路上不断探索和前行，为幼儿的自然生长奠定了坚实的基础，让他们在充满爱与关怀的氛围中茁壮成长。

篇章七

生长课程故事分享

探索大自然的生活课程实践故事

嗨，小鹦鹉！（小班）

初遇·相识

突如其来的疫情阻隔了孩子们观察、照顾草莓的脚步，疫情期间他们只能通过老师分享的视频、图片观察刚种下的草莓，所以，复课后，他们迫不及待地到种植园里去观察、探索。突然，乐妍扒着鹦鹉笼说："那里有三个蛋！"她的话引来小伙伴们的围观和讨论。

璇璇："真的，我看到了，它们是鹦鹉妈妈生的吗？"

庆溧："蛋好小呀，小鹦鹉是不是很小只？"

圣恺："里面有小鹦鹉吗？"

沐瑶："小鹦鹉会自己出来吗？"

跃霖："小鹦鹉应该是自己啄破壳出来的吧。"

元疏："鹦鹉宝宝什么时候才会出来？我想看看！"

孩子们与动物之间，仿佛有着一种天然的联系，他们对于"鹦鹉是怎么孵出来的"有着极大的好奇心和探索兴趣。《3—6岁儿童学习与发展指南》中指出：要和幼儿一起通过孵化和饲养活动，感知生物的多样性和独特性，以及生长发育、繁殖和死亡的过程。"生命"自古以来就是充满无尽未知的谜题。站在儿童视角，追随幼儿的兴趣，满足他们亲身体验的需求，我们尝试在日常生活中和孩子们一起探究生命的意义。

观察·陪伴

1. 帮鹦鹉妈妈孵蛋

孩子们都期待早点和鹦鹉宝宝见面，怎样才能帮助鹦鹉妈妈把鹦鹉宝宝孵出来呢？

宇桐："看着鹦鹉妈妈，让鹦鹉妈妈把它孵出来。"

巧倩："给蛋宝宝弄一个鸟窝，让鹦鹉妈妈在鸟窝里孵蛋。"

安安："我们家有一个鸟窝，我可以带来给鹦鹉妈妈用。"

安安带来了鸟窝，孩子们兴奋极了。他们一起整理鸟窝，小心翼翼地把蛋宝宝挪到鸟窝里。他们还在爸爸妈妈的帮助下，贴心地准备了提示安静的提示牌。

后来孩子们悄悄去看了几次，鹦鹉妈妈都没有在孵蛋。中班的哥哥姐姐们也做了漂亮的鸟窝，但鹦鹉妈妈好像都不喜欢。于是，孩子们展开了讨论。

讨论一：我们可以帮忙孵化小鹦鹉吗？

泓语："鹦鹉妈妈才可以孵化小鹦鹉，我们人只会生宝宝，不会孵化。"

佳宸："我们家的小乌龟是在一个箱子里孵化出来的。"

君玥："我知道保温箱可以孵化出蛋宝宝。"

崇光："爸爸跟我说有可以孵蛋的孵蛋器。"

在讨论中，孩子们知道了三种孵化方式：鹦鹉孵蛋、人工孵蛋、机器孵蛋。

讨论二：要孵多久鹦鹉宝宝才会出来呢？

晨柠："明天就出来了。"

子允："像我们在妈妈肚子里的时间那么长。"

跃霖："我觉得可能是一个月。"

圣恺："我猜是一个星期。"

泓语："我妈妈跟我一起上网查了，要孵化 21 天。"

自发现鹦鹉蛋开始，"孵化鹦鹉蛋"这个话题成了孩子们在园在家的热点话题。不仅吸引了孩子们的关注，也博得了家长们的关注和主动参与。孩子们在一次次的观察、交流、查阅资料和尝试中，愉快地将孵化蛋宝宝的"干货"收入囊中。

2. 第一次孵蛋

（1）孵蛋行动开始啦

经过讨论，孩子们决定用孵蛋器孵化鹦鹉宝宝。他们把鹦鹉妈妈不孵蛋的消息告诉爸爸妈妈后，班上便有了孵蛋器，蛋宝宝们入住了新家。孩子们时刻关注着蛋宝宝们的动静，不仅每天给孵化器加水，保持孵化的湿度，还带来一本小台历，在上面用他们喜欢的方式记录着蛋宝宝们的孵化天数。

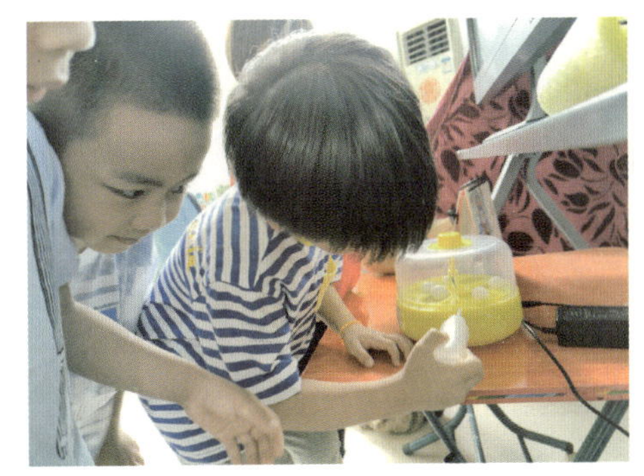

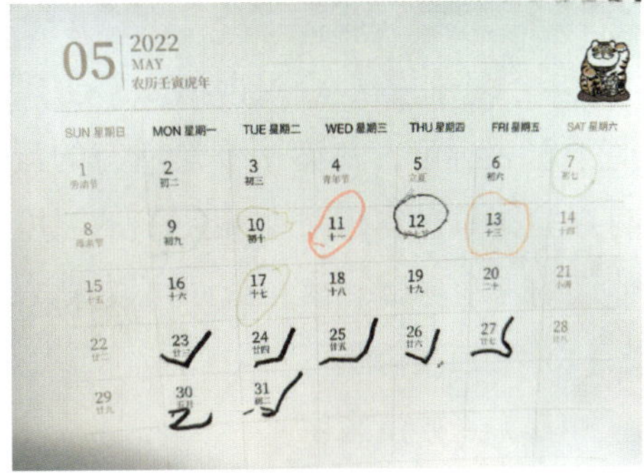

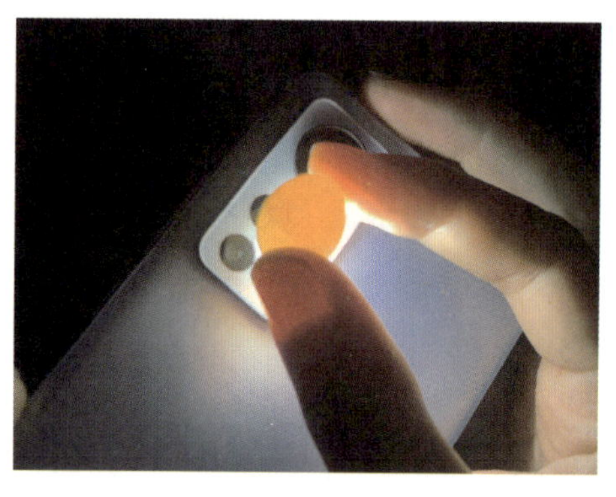

（2）蛋壳里的小鹦鹉

迫不及待想要见到小鹦鹉的孩子们经常请我们帮忙照蛋给他们看蛋宝宝有没有变化，直到第七天，一个鹦鹉蛋里出现了一个小红点，另一个鹦鹉蛋里有一条红血丝，孩子们好奇地问："这个是小鹦鹉吗？""它怎么那么小？""它会变大吗？""它是不是很快就要出来啦？"……通过上网查找资料、咨询专业人员，孩子们知道了这是受精成功的鹦鹉蛋，是有可能孵化出小鹦鹉的。他们更加欣喜和期待了。时间一天一天过去了，直到第 25 天，蛋宝宝们都没有再变化。

（3）孵化失败

"小鹦鹉怎么还没出来？""小鹦鹉什么时候出来？"随着孩子们的困惑，我们再次咨询专业人员，却得知那两个是弱精蛋。得知孵化失败的消息，孩子们显得很难过，却跃跃欲试，想要再尝试一次，不停地说着"我们还想孵小鹦鹉""我们可以再孵一次吗"……

在孩子们的小心照顾和 25 天的期盼中，第一次孵蛋失败了。但孩子们知道了怎么孵蛋，知道了不是所有的蛋都能孵出小鹦鹉。第一次孵蛋的我们没有经验，只懂得保证蛋宝宝们的温度和湿度。孩子们的兴趣正浓，何不满足他们的需求再试一次，或许可以探索、体验到更多呢？

3. 第二次孵蛋

（1）照顾蛋宝宝

基于第一次孵蛋失败的经验，孩子们这次更投入了，他们迁移爸爸妈妈照顾自己的经验，讨论着要怎么照顾蛋宝宝。

睿泽："我们要按时记录时间和给它加水。"

跃霖："我要和轻轻做朋友，不要打扰到蛋宝宝。"

宇桐："我要给蛋宝宝讲故事。"

安安：“我跟蛋宝宝聊天，让它早点出来。”

沐瑶：“我给蛋宝宝唱歌，让它认得我的声音。”

泓语：“我会给它朗诵古诗。”

除了孩子们想给予蛋宝宝的照顾，我们还了解到，孵化第 12 天开始凉蛋，为了增加成功率，建议只能在第 7 天和第 15 天照蛋。我们一起小心地遵循着这些注意事项，期待着小鹦鹉的出生。

（2）我们的新发现

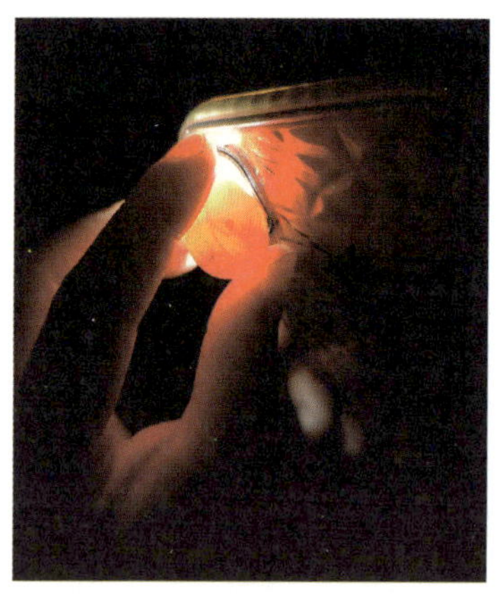

①像蜘蛛网一样的红血丝

终于到可以照蛋的第7天，孩子们发现这次的蛋宝宝和以前的很不一样。

庆溧："蛋宝宝的红血丝好多呀。"

圣恺："那些血丝好明显，很像蜘蛛网。"

陈璇："有两个蛋是有血丝的，还有两个蛋只有蛋黄和蛋清。"

晨柠："不仅有红血丝，还有红点点。"

"太神奇了！"一种初见生命的喜悦蔓延在孩子们之间。

②白白的蛋壳、黑黑的"妊娠纹"、黑色的小影子。

又是可以照蛋的第15天，孩子们迫不及待地进行了观察。

一涵："哇，它们的蛋壳变白了。"

子允："一个蛋壳上面还有一些黑黑的花纹。"

巧倩："像妈妈肚子上的妊娠纹。"

芯苒："里面有黄色的和黑色的。"

佳宸："黑色的应该就是小鹦鹉宝宝吧。"

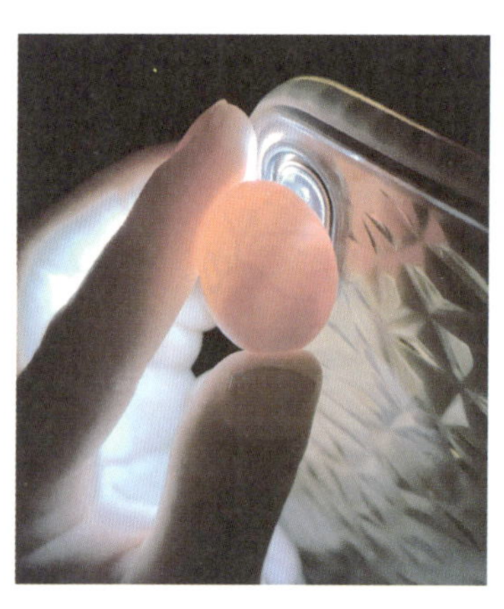

宇桐："蛋壳可能变厚了，都有点看不清里面了。"

③给小鹦鹉取名字

孩子们惊喜于蛋宝宝的变化，激动地给即将出生的小鹦鹉取名字。

跃霖："我想叫它 DuangDuang，它以后肯定很会跳跳跳。”

庆溧：“我想叫它波利，因为我喜欢波利鹦鹉。”

宇桐：“它啾啾叫，叫啾啾。”

巧倩：“小星星，因为小星星亮晶晶的。”

沐瑶：“小乖乖，我想让它和我一样乖乖长大。”

骏骏：“多多，因为它们会学很多话。”

乐妍：“小英，我觉得小英好听。”

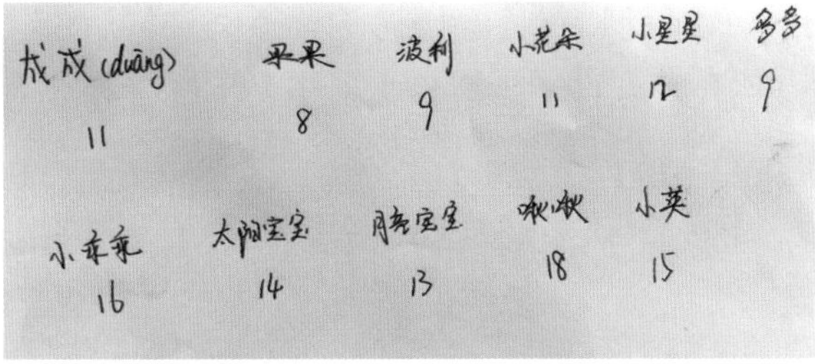

成成（duāng） 11
果果 8
波利 9
小花朵 11
小星星 12
多多 9
小乖乖 16
太阳宝宝 14
月亮宝宝 13
啾啾 18
小英 15

孩子们为到底要给小鹦鹉取什么名字讨论得热火朝天，最终，孩子们投票选出了“啾啾”“小乖乖”两个名字。

有了第一次的孵蛋经验，孩子们照顾起蛋宝宝们更加得心应手，也更加小心。他们俨然一个个小家长，时刻观察、记录着蛋宝宝们的变化，在观察、交流与记录中更加深刻地感受、体验生命的孕育和奇妙。

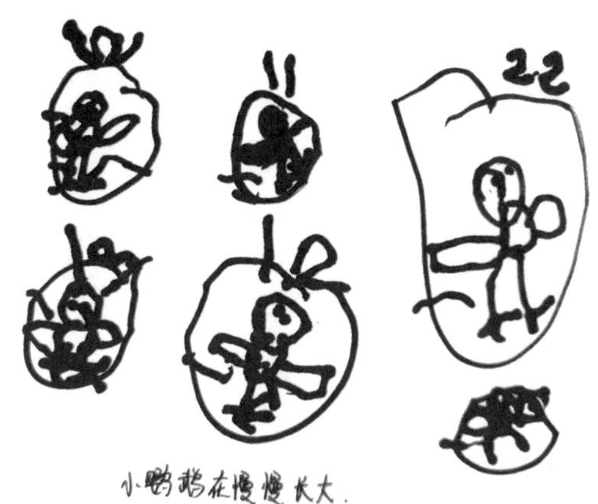

互动·照顾

1. 摇摆的蛋宝宝

第 18 天，孩子们在凉蛋的时候，听到了“啾—啾—”的声音，兴奋地大喊：“小鹦鹉叫了！”充满惊讶的声音引来了孩子们的围观，他们把蛋宝宝拿在耳旁，仔细地听这美妙的声音。小鹦鹉要出生了，我们要给它准备什么？孩子们和爸爸妈妈讨论、查阅资料后带来了小鹦鹉的保温箱、小勺子、小杯子和奶粉。

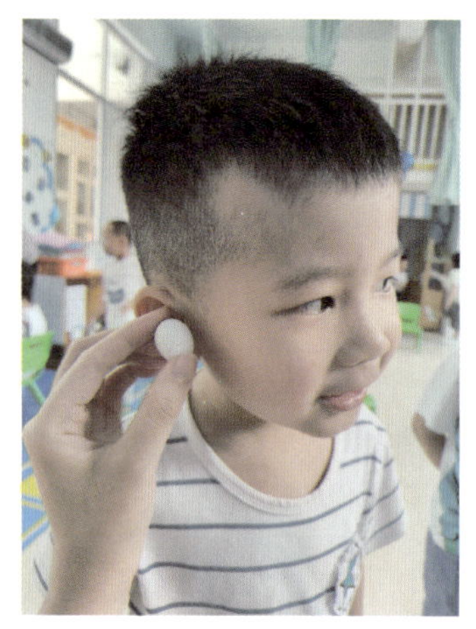

图 16

隔天，孩子们发现蛋宝宝上多了一道裂缝。

宇桐：“快看快看，这个蛋破了一点点。”

骏骏：“好像快要裂开了，有一条线。”

陈璇：“我听到了‘啾—啾—’的声音，在开心地笑。”

泓语：“它动啦！”

芯苒：“好像在跳舞呀。”

子轩：“我猜它是在跑步。”

俊泽：“它可能在滚过来、滚过去。”

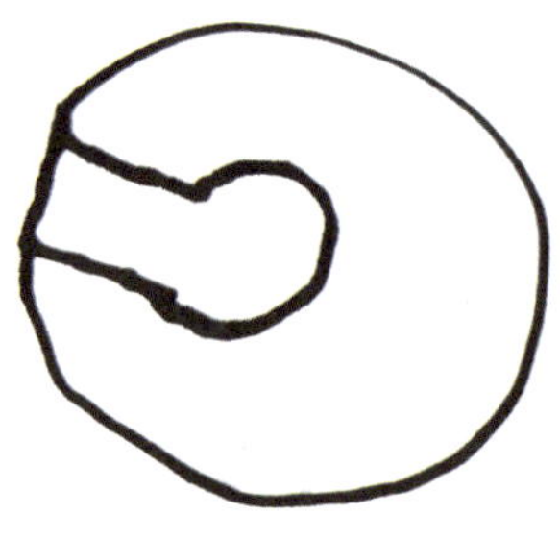

小鹦鹉在翻滚。

2. 啾啾出来啦

视频 1：啾啾破壳啦

可是，小鹦鹉为什么这么久还不出来呢？经过咨询，孩子们了解到如果小鹦鹉已经叫了一天还没破壳，就要手动帮助它破壳。于是，人工助产士上线啦！助产的我们不敢喘大气，围观小鹦鹉出生的孩子们有的异常安静地瞪大了眼睛看，有的则兴奋地说着自己在妈妈肚子里的时候。

终于，啾啾出生了。第一眼看到啾啾的孩子们既新奇又害怕，满眼喜欢，像极了第一次当爸爸妈妈的小家长。

巧倩：“它的皮肤好红啊。”

陈璇：“它身上有血丝，有点可怕。”

元琉：“它身上还有一条长长的东西。”

沐瑶：“它的毛是黄色的。”

一涵：“它的头怎么一直摇？”

与此同时，家长群里也炸开了锅。他们也感叹着生命的神奇，还开玩笑着说：“正式升级为奶奶了。”

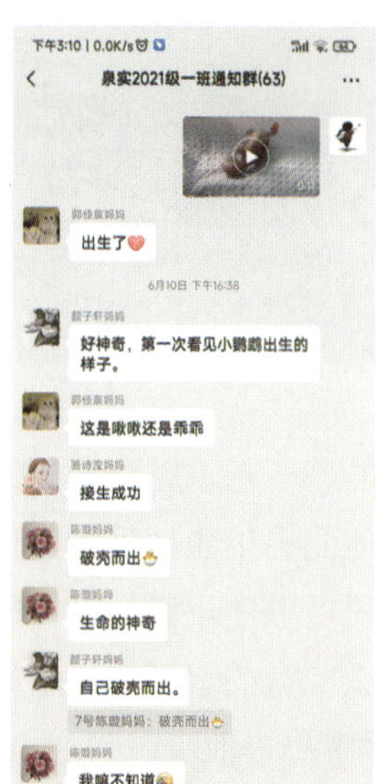

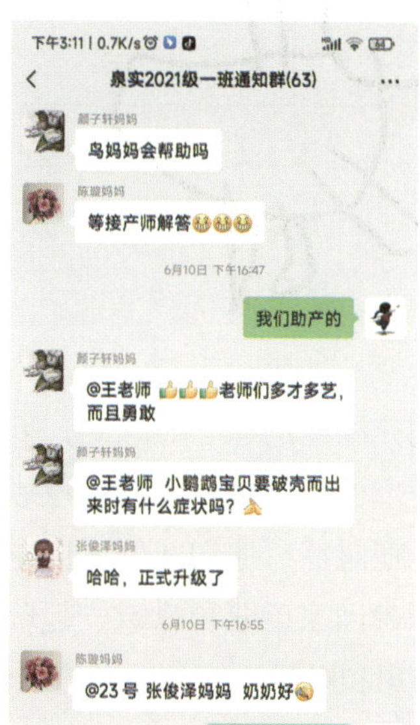

3. 我是啾啾的爸爸妈妈

刚出生的啾啾需要定时喂奶，为了保证孩子们的正常作息，经过讨论后我们决定，啾啾出生后的第一周晚上由老师代为照顾，白天由升级为爸爸妈妈的孩子们照顾。孩子们每天一进教室就围着啾啾看，不管它是睡着的还是醒着的。他们发现啾啾大部分时间都在睡觉，还拿起画笔记录了啾啾的各种睡姿。

视频 2：我是啾啾的爸爸妈妈

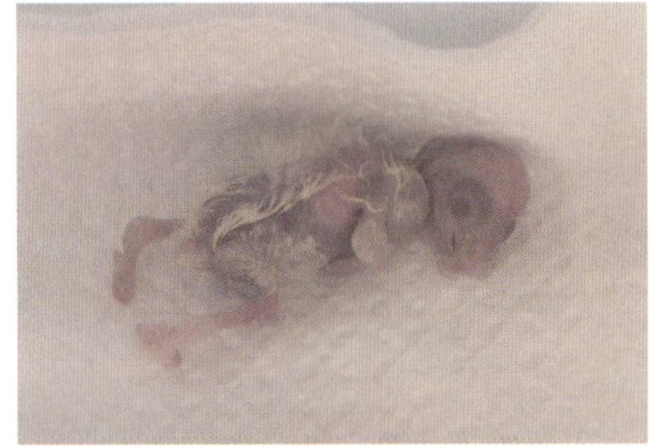

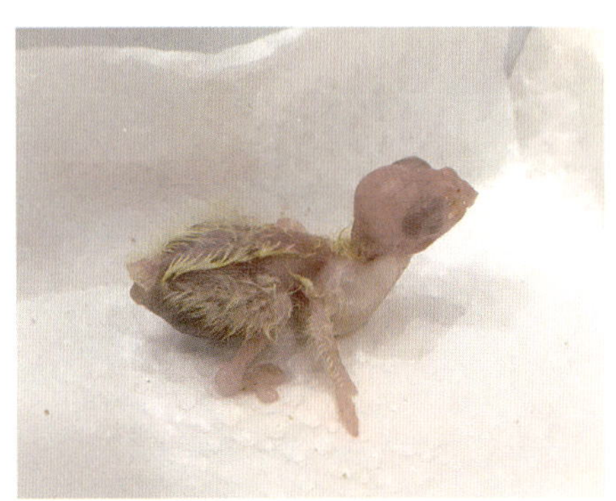

在孩子们充满爱的悉心照顾中，啾啾的脖子越来越稳了，进食越来越有规律了。孩子们也初步学会怎么喂啾啾，他们提出想把啾啾带回家照顾，经与爸爸妈妈们商量后，他们在群里接龙了先后顺序。满怀期待的孩子们开始畅想着把啾啾带回家后要和啾啾一起玩什么。有的想把家里所有的娃娃都给啾啾玩，有的想和啾啾玩气球，有的想带啾啾出去散步……

孩子们观察、发现了小鹦鹉即将出生的迹象，欣喜、期待、紧张，像极了第一次当爸爸妈妈的家长。面对刚出生的啾啾，他们既新奇又害怕，满眼喜欢。啾啾的一举一动都牵动着他们的心。他们发现，原来小鹦鹉和自己一样，也是要一样一样学本领的，他们为啾啾锲而不舍的精神欢呼，也向它学习。家长们也时刻关注着啾啾，他们跟随着孩子们的脚步，参与到我们的课程中。他们说实验幼儿园让他们很惊讶，种植果蔬、养小动物居然可以成为幼儿园的一部分，而不是简简单单的吃喝玩乐。孩子们如爸爸妈妈一般尽心、细致地照顾啾啾，甚至开始畅想着啾啾长大后的美好时光。他们感受着生命的美好、享受着照顾的乐趣，在无形中锻炼着自己的责任心和耐心。

延续·回归

正在大家都准备要享受和啾啾的独处时光时，生命却充满着未知，在与啾啾相处的第 11 天，可能是因为天气突然变化，弱小的啾啾没能适应，悄悄地离开了我们。从发现啾啾没力气抬头到发现它不动了，昔日围在啾啾周围谈笑的孩子们黯然失色，也知道啾啾不适合再待在班上。经讨论后，孩子们决定把啾啾送到离我们最近的公园里，因为那里有大树，有小花，还有许多小鸟，他们觉得那是啾啾的另一个家。之后，挂念啾啾的孩子们陆陆续续地去看它。

生命，充满着无尽的未知。在孩子们眼里，生命是简单而又奇妙的。虽然，最后啾啾离开了我们，但它让孩子们真切地感受到了生命的奇妙，感悟到生命的珍贵。它的离开，也让孩子们初步理解了大自然的生命规律。

再次回顾孩子们和啾啾的故事，依然历历在目、热泪盈眶，我想用三个词来描述我们的感受：佩服、惊喜、感动。

佩服！我们佩服于孩子们遇到难题的探究精神，当孵蛋失败、当观察受光线阻碍、当啾啾破壳和离开，他们自愿、自主、自发地寻找原因、协商合作、探寻方法，最终解决问题，形成受益终身的学习态度和能力。

惊喜！我们惊喜于他们的成长以及他们对自己想法的坚持，在孵蛋活动中，他们从第一次失败到再次挑战，他们从被照顾到细心呵护蛋宝宝、啾啾，他们通过直接感知、实际操作、亲身体验去探索和学习，在获得知识的同时，也逐渐懂得了爱护、尊重每一个生命。我们惊喜的是他们是独立的有能力的主动的学习者。

感动！我们感动于生命的震撼，要有多少的积蓄和能量储备才能换来这一刻勇敢的破壳而出，生命力是如此强大！

在这次特殊的经历中，孩子们知道了鹦鹉蛋的孵化过程及照料方式，感知到生命的奇妙，在爱与被爱的体验下，埋下了一颗感恩的种子，培养了爱心、耐心、责任心。虽然在饲养过程中经历了小鹦鹉的离开，直面感受孕育小鹦鹉的不易和生命的脆弱，但最终能逐渐学会坦然接受并带着祝福面对离别。这就是我们的课程故事《嗨，小鹦鹉》。

课程故事整理者：王梅婷

瓜儿瓜儿快快长（小班）

班级分到一块菜地，孩子们都很高兴。可是要种什么呢？大家都选了自己喜欢的水果，如草莓、西瓜、樱桃等，经一番筛选，最后大家举手表决，决定种西瓜。于是一场关于西瓜的课程就开始了。

种　瓜　咯

看了老师的示范，孩子们小心翼翼地把西瓜苗及种子埋进已经整好的菜地或小容器的土里，还用水壶给它洒水，上午才种完，下午起床就忍不住过去看它。

妍妍："我的西瓜宝宝怎么还没长出来啊？"

楷楷："是不是还在睡懒觉？"

醇醇："不会是被小虫子吃了吧？"

孩子们一听，忍不住就用手把土拨开，看到西瓜种子还在，放心了——哦，原来西瓜种子还在睡觉！

植物的生长是一个相对漫长的、持续的过程。孩子们喜欢西瓜，盼望能早日吃上自己种的西瓜。这种迫切的心理驱使他们主动去关心西瓜种子的成长，这是一个让孩子学会关心、学习持续观察的良好教育契机。但小班的孩子对时间没有具体概念，注意力容易转移，对种子生长过程也不清楚，那么，怎样让孩子的兴趣能持续下去，学会照顾植物的基本方法呢？

我们结合故事视频、音乐游戏让孩子了解种子就像小宝宝，需要精心照顾才能健康成长，懂得照顾西瓜种子的一些基本方法，如埋在土里、适度浇水、需要阳光等。孩子们每天都会去看看它，给它浇水，带它晒太阳。周末一直下雨，周一刚入园，孩子们就惊喜地发现：小容器中的西瓜种子竟然发芽了！菜地的西瓜苗也长叶子了！

瓜黑啦

为了让每个孩子都能参与照顾，孩子们每天轮流给西瓜浇水、拔草，日子一天天过去了，西瓜苗在孩子们的精心照料下，叶子一天比一天大，茎蔓一天比一天长。很快地，就蔓延至大半个菜地，快到四十天的时候，西瓜藤上开出了许多小黄花，有蜜蜂和蝴蝶在小黄花里徘徊不去。孩子们说这是蜜蜂在采蜜，大家都自觉地不去碰它。淳淳说："花儿能结出西瓜。"大家都很高兴，有空就到菜地里数数有几朵花，看看西瓜是否长出来了。

有一天，孩子们又去看西瓜花，有孩子发现西瓜藤的侧枝上有一个小球状的东西，拉出来一看，哈！原来结了一个小西瓜球！大家都兴奋地围过来看。眼尖的楷楷喊了起来："咦？西瓜下面是黑的，不能吃了！"

杭杭："可能是被太阳晒黑的吧？"许多孩子附和说是。

也有孩子反驳："不是的，（黑的地方）没有晒到太阳。"

醇醇："西瓜下有很多小蚂蚁，肯定是它们来偷咬一口，才变黑了。苹果也是这样。"有孩子说看到蜗牛，应该是蜗牛吃的。

可是西瓜上面没有小洞洞。

楷楷："应该是碰到土，弄脏了？"

有孩子找来湿巾，往黑的地方使劲擦，擦不掉。还有水从里面流出来。大家都叫了起来："擦不掉，坏了。"

珅珅："是喝太多水了吧？烂掉了吧！"

最近一连几天都下雨，有可能！

可是，怎样才能让西瓜宝宝不会被淹坏呢？孩子们想了很多办法：用手拿着？可是人不能一直都在；用报纸包着？下雨就湿了；放在水壶上？会滚下来！孩子们发愁了。

后来，雯雯提议长出来的小西瓜都用娃娃家的碗装着，得到大家一致同意。

小班孩子对周围世界充满浓厚的兴趣，对新鲜事物具有强烈的好奇心。

但注意力不稳定，观察带有很大的随意性，往往碰到什么就看什么，容易受外界新异刺激的干扰而不能持久，模仿思维比较明显。

面对表皮黑了的小西瓜，孩子在老师的引导下，开始能够围绕一个问题去思考，并从自身的经验出发来解释这一现象。每一个猜想都以行动实践进行验证，这是非常有益的。虽然我并不认为用碗装是一个好主意，但放手让孩子试试又何妨？

瓜 裂 了

西瓜宝宝们似乎约好了，一下子结了五六个瓜，等瓜慢慢长大的日子似乎有点久。有一天，当孩子们又一次来看瓜时，却发现最边上的一个大西瓜裂开了！

妍妍："是不是有坏人来偷吃？" 可有保安叔叔，坏人进不来。

睿睿："蚂蚁偷吃的。"

泫泫："有人拿刀把它切开了。"

欣欣："吃太饱了，肚子就裂开了。"

到底是怎么回事呢？孩子们回家去和爸爸妈妈一起找答案。家长的解释很多，如温度过高、西瓜皮薄、浇水太多、被人踩到都会导致西瓜裂开。最后，我们再次来看瓜时，老师发现瓜藤有被拧过的痕迹，估计是别班的孩子来看瓜，摔的。后来经过询问调查，原来是有一个孩子实在太喜欢我们的西瓜了，想抱抱西瓜，因为西瓜太重，没拿稳摔下来了。这事让孩子们懂得要保护好西瓜，不要轻易抱它。

吃 瓜 记

盼望着，盼望着，终于有一个瓜长大了。孩子们兴高采烈地一起把西瓜抱回来，先给瓜儿从上到下洗个澡，再搞一个西瓜分享仪式。正式切瓜了，杭杭第一个举手上来切，孩子们排排坐，伸长脖子看西瓜。西瓜皮可真硬，一刀切不下，还要朋友来帮忙。好容易切开了，一看，这瓜肉有红有白还有黑，靠近闻一闻，味道并不怎么好，没有一点西瓜味。

为什么会这样？这瓜还能吃吗？大家都傻眼了……

醇醇："肯定是瓜喝太多水，才会烂了。"

婧婧："是蜗牛偷吃了吧？讨厌的蜗牛！"

浩浩："是毛毛虫吃了，我看到毛毛虫。"

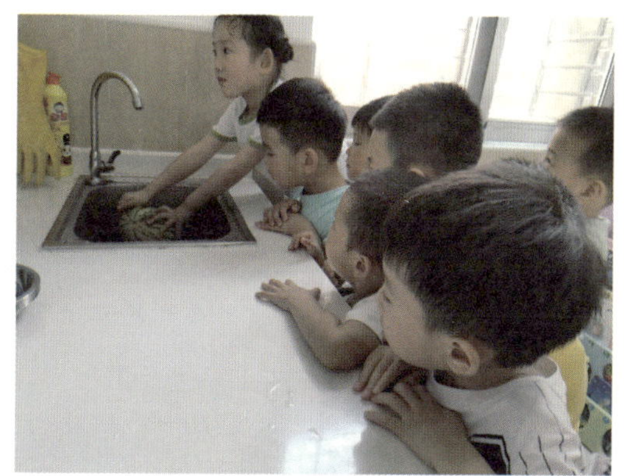

珅珅："有蚊子，是不是被蚊子吃了？"

大家各说各的想法，感觉似乎都有道理。看来明天要开始捉虫、捉蜗牛、捉蚊子，还不能浇太多水了。

瓜儿大了，是否可以摘了？这对老师和孩子们来说，判断有点难。但孩子们等了这么久，大家都想试试，再考虑到这瓜长得有点歪，与瓜接触的地方有黑色样，所以我们就决定摘下来看看。没想到竟然是个烂瓜。孩子们根据以往经验大胆猜测烂瓜产生的原因，我决定支持他们的想法，并进行调整。我让泫泫回家请教他担任生物老师的爸爸，了解到原来没有施农药的西瓜真的更容易招虫害，因此特别请他帮忙网购粘虫板，以发动除虫行动。

除虫行动

再次来到西瓜地。除虫行动开始了。孩子们四散巡察。

"看，我抓到一只蜗牛！"

"快来看！这里有好多蚊子！快把它赶走！"孩子们挥舞双手要把蚊子赶跑。

拿着粘虫板的孩子把事先找到的棍子插在西瓜宝宝边上，在老师的帮助下把粘虫板挂上树枝，不一会儿，黄色的粘虫板上粘了许多虫子，还有一只小蜥蜴。孩子们都很高兴。

"西瓜宝宝，我把虫子赶跑了！"

"西瓜宝宝可以乖乖睡觉，乖乖长大了。吃一口，一定好甜啊！"楷楷说。

因为虫害，孩子们没能吃上西瓜。大家除虫行动空前迅速。后来，孩子

们天天要去看看，抓蜗牛，赶蚂蚁，看看粘了多少虫子。随着暑假的到来，仍有孩子惦记要来给西瓜浇水、捉虫，可惜，因为疫情管控原因，没能成行。

西瓜的种植之旅，让教育回归自然、回归生活。本次西瓜种植的过程中，孩子们亲身体验种植西瓜、照顾西瓜、收获西瓜的全过程，习得了种植的新技能，获得了关于种植的直接经验（如浇水、除草、除虫等），观察到了西瓜的生长变化，感受到了生命的价值，也体验到了种植的酸甜苦辣，孩子们更加懂得农民伯伯的辛苦，知道不能浪费粮食。

不足之处是：西瓜成长后伸蔓期需要宽阔的空间，由于我们缺乏西瓜种植的经验，也有些地方藤蔓交错杂乱，影响了西瓜的生长，果实较小。我们的课程还在继续，后续精彩敬请期待!

课程故事整理者：张丽娜

玉米的精彩一生（中班）

春的伊始，也向新学期孩子们的种植活动发出了信号。孩子们在“我的种植计划”的调查、交流、讨论和投票后，将班级的菜地又进行了新一轮的规划。其中“种玉米”荣升投票榜首。玉米是孩子们生活中常见的一种蔬菜。玉米的生长变化是什么样子的？它的生长过程中又会给予孩子们怎样的学习与发展体验呢？结合《3—6 岁儿童学习与发展指南》科学领域的发展目标“具有初步的探究能力”“在探究中认识周围事物和现象”及中班幼儿科学探索的教育建议，我们和孩子一致决定在菜地里种两种不同品种的玉米——黑玉米和黄玉米。孩子们带着搜集而来的玉米粒种子，开启了一场未知的探索玉米之旅，期待着春播夏收如约而至。

种玉米咯

有了上学期在菜地里种植胡萝卜的经验，孩子们知道菜地土壤干硬、没营养而且又少，必须重新翻土再加营养土。孩子们说：“这样才不会像上学期种胡萝卜一样，长那么慢！”所以，在种玉米之前，孩子们分工合作为玉米地进行一番改造。他们带上了小锄头、小耙子等工具，在老师、保育员的帮助下，将旧土浇湿重新翻了翻，再倒上小石子、营养土一起搅拌。孩子们知道有了小石子和营养土的加入，不仅土壤更有营养，而且能防止土壤结块硬化。孩子们根据共同制定的种植计划，将玉米地一分为二，并为玉米地画出了黄玉米和黑玉米的标志牌。

准备工作就绪，就可以播种啦！玉米要怎么播种呢？有的孩子回家继续网上调查，有的孩子向家里有种植经验的家长请教，钰涵小朋友的爷爷就是一位有着丰富种植经验的菜农。经过他的线上传授与分享后，孩子们一起学泡玉米粒种子、有间距地为种子挖洞、播种、浇水，忙得不亦乐乎。孩子们眼中充满期待，想象着这是他们的玉米宝宝，每天都要去照顾它们。共同的约定——浇浇水、拔拔草、看一看、记一记，就这样成为孩子们每天到户外活动必做的一件事。

孩子们前期积累的种植经验在这次种植准备过程中得到迁移和运用，他

们表现出较好的协商、计划、合作能力，能较快地根据计划准备材料、规划菜地、搜集播种信息。因为投入，所以热爱。他们明白玉米的成长离不开呵护与用心陪伴。时间久了，孩子们经历讨论、绘画表征的照顾玉米的那些小tip就成了他们每日约定俗成的事儿了。“静待花开”需要精心准备与呵护，但生长的不确定性更是种植活动的常态，不管接下来还会发生什么，只要我们共同面对、积极动脑、勇于尝试，那它将赋予我们更多能量“乘风破浪”，共构一段美好的课程之旅。

玉米地里的“不速之客”

充足的雨水、适宜的温度的关照，玉米的长势喜人。过了一个月，孩子们欣喜地发现“光溜溜”的玉米地里长出了一株株高高的玉米苗，有的甚至都长得比小朋友还高了。孩子们围着玉米地左瞧瞧右看看，突然，有孩子大声喊道：“不好了，玉米叶子枯萎了，你看好多叶子都黄了。”大家顺着他手指的方向看过去，果然好几株玉米的叶子都泛黄甚至耷拉下来了。孩子们开始议论起来。

琛琛：“这肯定是被太阳晒干了，叶子才黄的。”

赫赫：“也有可能是玉米喝太多水了。”

小欢：“不对，是没营养，要施肥了。”

小辰：“该不会是有害虫，才变成这样的吧。”

……

孩子们的猜想似乎都有道理，但是到底是什么原因导致玉米叶子发黄，谁都给不出一个确切的答案。当疑问产生，科学探究的种子已悄然萌芽。孩子们已经关注到影响玉米生长变化的因素，想找到准确的答案。我决定把问题抛给孩子们，让孩子们带着问题，回家利用各方资源来寻找可能产生的原因，再来尝试解决。孩子们用询问经验、亲子百度、查看书籍等方式，用绘画记录了自己的调查结果。有了多方的查证，孩子们在正式的科学“交流会”上发言更加笃定与自信。除了水分、阳光、害虫、营养的影响，他们还了解到可能是因为播种时种子种太深、种太近的关系。面对孩子们的这些“科普”，我没有急于告知孩子如何排查原因来寻找答案。而是选择给他们充分的时间，让他们继续去观察、去发现问题，尝试找到答案。而科普回来的多项可能，也让孩子们接下来的连续观察和比较观察更有针对性。经过一周时间的持续观察，孩子们运用对比观察来逐一排除原因。孩子们先“锁定”观察目标——水分的影响。连续一周的晴天，给孩子们提供了得天独厚的观察机会。孩子们坚持每日浇水，一天天过去，他们发现玉米的黄叶变少了。但，黄叶仍存在。孩子们继续深究，除了每天保证充足的阳光和水分，孩子们启动第二套方案——施肥补充营养。有了上学期施肥经验的积累，他们有的去厨房找来了淘米水，有的从家里拿来了玉米专用有机肥，有的在班级厕所里存储“童子尿”施肥。在对比等待的过程中，孩子们用上了不同的肥料给玉米补充营养，直到找出真正的“幕后黑手”。就这样两周过去了，玉米地重新变回一片绿了。

生活中的真实问题引发了孩子们一系列的主动探究，让探寻玉米叶子变黄的过程充满悬念。我们能做的就是：围绕幼儿提出值得继续探究的话题，以问题为导向、化任务为驱动，支持、鼓励孩子们大胆思考、猜想验证、探究发现、简单推理、寻找答案。同时，孩子们探究的方法“比较观察、连续观察、分析排除”自然而然地生发、积累着。孩子们慢慢养成了想办法搜集资料验证猜想的习惯，还学会了如何运用各种资源获取学习资源。他们逐一突破各个因素，了解到了是水分不足、营养不足影响了玉米的生长。而摸不着看不见的害虫“地老虎”也就自然消除了嫌疑，答案自然浮出水面。孩子们自主习得的零散经验，在老师的集中交流、分享梳理中提升为孩子们共同的有益科学经验。

玉米测量记

日子一天天过去，玉米越长越高。有一天，小蔚指着玉米秆子上端说：“你们看，玉米长出小麦了。”话音刚落，引得琛琛、小蓝的质疑。“什么小麦

咯，我们是种玉米怎么会长小麦呢？”玉米秆上长出来的到底是什么呢？我们和孩子从早期阅读《玉米生长记》的绘本中解开了“谜团”。原来长出来的“穗”是玉米开的花，这个时期也是玉米繁殖授粉的过程，授粉完就会慢慢长出玉米了。

“哦，原来那是玉米的花呀，不过它真的长得像我见过的小麦穗。”小蔚若有所思。

玉米日渐长高，也让几个孩子不禁和它比起了高矮。

“老师，你看，玉米都长得比我高了。”

“这棵玉米都长到我的眼睛这边了。”

“哇，这棵玉米更高，都比我们班最高的欣娜还高。”

孩子们围着玉米地走来走去，比来又比去。

这一次的观察和比较，让我们看到了孩子对玉米的身高、玉米的高矮、玉米的数量产生了浓厚的探究兴趣。玉米到底有多高呢？在分享环节，我引导孩子们思考。

小蓝：“可以用尺子量，像我们上次用的米尺。”

小廷：“可以用吸管积塑量，比一比。”

小君：“可以用绳子。”

俊俊：“用泡沫条。”

小琛：“我们可以用奶粉罐一个接着一个叠起来，跟玉米比一比，看需要叠几个才能和玉米一样高。”

……

孩子们对于用什么工具、借助什么材料来测量玉米的高度，有了自己的主意。这让我对他们开学第一课“一米距离”的测量经验的迁移、运用能

力刮目相看，也更让我笃定让中班孩子尝试用自己的方式自主测量玉米高度未尝不可！于是，一场测量玉米的科学教育活动就悄然开始了。孩子们运筹帷幄，他们从家里带来了米尺、直尺、卷尺，在班级搜集了各种能为他们测量玉米身高服务的吸管积塑、线轴、彩带、泡沫条、魔尺玩具、奶粉罐等材料，就开始忙着为玉米量身高。有的孩子拿出了吸管积塑，连接后再量，有的直接把魔尺展开一字形来比，有的用线轴叠高比较……

钰涵："可以用吸管积塑量，1、2、3……这棵玉米有 5 根吸管连接高。"

昕童："不对，这棵玉米的身高有 4 根连接长。"

在测量过程中，孩子们碰到了这样的问题。

老师："为什么他们用同一种材料来测量同一棵玉米时，结果会不一样呢？到底哪个答案才是正确的呢？"

话音刚落，洺君指着玉米地大声说道："因为她是从木板这边开始量，他是从玉米秆子的地面量起。"

这一发现引发了小伙伴的围观，"原来量的起点不一样，当然有的是用 4 根有的是用 5 根了"。

一探究竟让孩子们自主发现不同测量方法会影响玉米测量的结果。显然，孩子们的测量经验不是一蹴而就，需要通过一次次不同的尝试与体验来巩固与内化。对此，我和孩子们重新梳理了正确

的测量方法，孩子们又投入新一轮的测量。这一次他们选择了绳子、彩带、卷尺、米尺等工具材料，互相配合、分工合作，初步了解到借助不同的材料来量同一株玉米的高度，结果也会是不同的。比如宇辰用 5 根吸管积塑连接才量出了玉米的身高，思淳直接用 2 根 48 节魔尺就量出了玉米的身高，而进齐和思淳用彩带量玉米身高时，却不懂到底有多长，他们拉着彩带，一人拿着一端说："看，就是这么长。"

"哇，那么长，到底多长啊？"

俊齐一不小心松掉了彩带，深蓝一脸疑问。

"哎呀，都不记得刚才量到哪里了。"

瑾楠说："那就重新量呗，不过他们要做个记号才知道玉米长到哪里。"

"哦，我知道了，也可以用这个米尺去量。"

我在一旁听着他们"互抛互接"问题球，暗自窃喜。孩子们的自省和学习调整能力真是让我大开眼界。我不禁赞叹道："这都被你们发现了，再去试试吧！"孩子们继续分头行动，有的负责配合拿彩带量玉米，有的负责用记号笔在彩带上做记号，有的直接用米尺量玉米，接着又量做记号的彩带。这次他们终于准确地测量出那株玉米的高度。深蓝说："上面的数字我认得，是 100，我们量到的终点是 15。"

"那这是多长啊？"怡欢望着我发问。

孩子们对米尺上的数字、对应的数量关系已经萌发了探究兴趣，但远远超出了他们的理解范围，我不禁一阵沉默。我绕开这个"难题"，先让孩子们及时记录刚刚的测量结果，并鼓励他们对着米尺上的数尝试画下来。不一会，孩子画出了 115、108 等不等的数字。我好奇地问："115 的这株玉米高，还是 108 的玉米高呢？"孩子们争

执不下，我故作为难："这可怎么办！"瑾楠突然提议：我们找找 115 在哪里，跟叶老师比一比，在叶老师身上做个记号，然后找到 108 再和叶老师比一比做记号，不就知道了？瑾楠的方法让小伙伴们摸不着头脑，但我心里却明白，她是要用同一具体参照物直观比较谁高谁矮，从而来判断高矮。既然有孩子提出这样的有益经验，那它就值得我们一起试试并让其他孩子也一起了解。于是，我摇身一变成为另外一个"测量工具"。在我的帮助下，孩子们直观地了解到 108 只到我小手臂的位置，而 115 已到达我胳膊的位置了。

"原来，115 比较高，108 比较矮啊。"

"那现在哪个长，哪个短呢？"

"115 比 108 高，所以 115 长，108 短。"

经过这样的参照比对，我让孩子们重新观察米尺。孩子们了解到原来米尺越往后拉，长度就越长。

在这场测量行动中，孩子们将周围生活中的自然物作为"工具""参照物"运用到数学测量中，已经有了初步的测量意识。孩子们动手动脑，反复尝试，自主发现，探索出测量的多种方法，获得测量的正确方法与有益经验，加深了对物体量的认知和数的理解。中班孩子在陪伴玉米成长过程中，邂逅"测量"这件事是情理之中，也挖掘到属于他们自己的"哇时刻"。虽然探究时孩子们对不同长度单位、数量的关系还是一知半解，但是通过以点带面，让孩子们了解到利用参照物，同样可以感知长度关系。我们能做的就是化繁为简，通过对话来帮助孩子们梳理经验，为探索活动保质，为孩子们身上锲而不舍和钻研探索的精神打 call。相信这份美好的学习品质能让他们在接下来的生活中收获更多的成长。

玉米的华丽变身

蝉鸣声的萦绕，穗穗玉米须向我们招手示意"我们成熟啦"。孩子们满心欢喜地采摘了一根根的玉米。

"哇，玉米好可爱，我好想带回家啊。"

"可是不够分回家怎么办？"

"可以砍断。"

“这么小，不够吃。”

“要不我们煮了，你一口我一口。”

“多不卫生啊！”

“要不我们可以煮玉米汤。”

“我们把玉米粒掰下来，做玉米饭。”

“玉米除了做这些美食，还可以做什么呢？”我顺着孩子们的话题抛出了问题。

因为玉米收成数量有限，孩子们本想各带一根回家的愿望破灭。这引发了他们讨论、思考，制定合理“瓜分”玉米的方案。孩子们讨论出可以用这些玉米制作美食，这样就可以一起分享了。刚开始他们讨论出玉米可以做玉米色拉、玉米饼、玉米汁、爆米花、烤玉米、玉米饺子、玉米汤，一轮投票下来，做爆米花赢得了大部分孩子的青睐。要怎么制作爆米花？制作爆米花还需要什么材料和工具？我们自己也一知半解。索性继续和孩子们再次查找、搜集信息。当天回家班级有 8 个孩子自主完成了调查任务，第二天他们和小伙伴们分享起制作经验，并把如何制作爆米花的过程画了下来。同样的问题驱动，可是却只有少数的孩子能自主、独立完成，这不禁也让我有点担忧他们的任务意识。好些孩子就开始解释起来了。

“我回家就跟妈妈说了，可是妈妈说等下，手机要用。”

“我爸爸妈妈很晚才回来，爷爷奶奶他们不懂。”

“我要睡觉的时候才想起，妈妈让我先睡，明天再去查。”

“对啊，我都跟他们说了。”

……

孩子们埋怨式的说明，也让我思考任务意识的培养、完成任务的能力不是一朝一夕，更不是老师的一厢情愿，它需要家园共同的努力。对此，我以幼儿的名义，在班级微信群将幼儿的对话与家长们分享；以 8 名幼儿调查到的“笔触”展示于微信群。只是希望直接的表扬和含蓄的提醒能让家长们有所领悟、及时改观和调整家庭教育的策略。入学准备贯穿幼儿园三年保育教育的全过程，小小的种植活动也能为孩子们生活、社会、学习准备赋能。细微处见真章，也许家长们会在一次又一次的活动中，慢慢感悟孩子们身上的蓄力与成长。

第二天，很多家长分享了孩子在家中尝试自购玉米粒做爆米花的小视频，孩子们积累了更丰富的制作经验，还和老师、小伙伴激动地谈论如何制作爆米花。这一改观，让我欣慰。老师不再是带着一群孩子在“孤军奋战”，有家长的助力、与家长并肩陪伴孩子成长，才是教育路上最美的风景。

顺应了孩子们的兴趣，爆米花小厨师上线了。在得知班级要开展做爆米花的美食活动后，怡欢妈妈带上她丰富的制作美食经验走进了我们的“美食每刻”生活坊活动中。孩子们根据自己之前做的美食攻略，也从家里准备了糖、油、锅铲工具和装爆米花的纸杯等各种材料。大家都投入到这场美食盛宴里，期待玉米的华丽变身。

在做爆米花前，我疑惑地问：“小朋友有自己种植的玉米，也有自己购买来的做爆米花的玉米粒，它们都能成功做出爆米花吗？”孩子们面面相觑，有的说可以，有的说自己种的不行。“一起试一试，不就知道了？”小君提议。

说干就干，在小欢妈妈的指导下，孩子们分组行动，有的负责剥风干的玉米粒，有的拿着锅铲，有的准备黄油，有的准备倒玉米粒。刚开始尝试，孩子们发现自己种的玉米粒不管怎么翻炒，玉米都毫无动静，只闻到了黄油香味。亦雅笑着说：“这都有点像炒玉米了，有奶香味的炒玉米。”而另外一组孩子，在一番加料搅拌翻炒后，玉米粒成功地爆出来了。孩子们围在一起，激动地拍手欢呼。伟琛说：“太神奇了，就像跳跳糖一样。”因为有了成功的经验，紧接着孩子们马上又制作了草莓味、焦糖味道的爆米花。孩子们带上了一杯子的爆米花，满心欢喜地回到活动室和小伙伴分享，他们还走出班级与幼儿园里的老师、阿姨、其他小朋友分享了他们剩下来的爆米花，诉说着玉米的华丽变身，脸上洋溢着收获的喜悦、分享的自豪感。

陪伴玉米成长的过程，值得回忆与记录！从春天到夏天，孩子们陪伴玉米经历了很多有趣、美好的事情。亲身参与其中的孩子们会有什么样的感受呢？当天下午，我们和孩子们通过照片、视频等方式共同回忆了这一切。孩子们对于播种、照顾、调查、测量、丰收、做玉米美食都有说不完的话题。

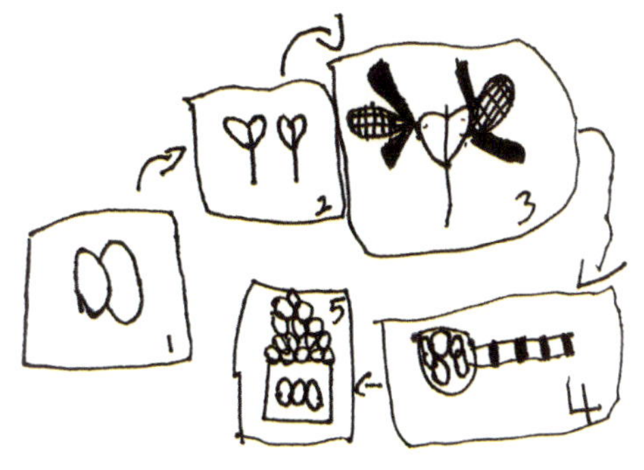

于是，我问：“那怎么才能把你们印象深刻、有意思的故事分享给更多人呢？”

“可以把这些照片收藏起来。”

“可以画出来。”

画故事的提议得到了大家的响应。孩子们投入到绘画“玉米”的故事活动中。一幅幅“作品”贴在了班级墙面上，自由活动时间，孩子们继续讲述与同伴、与老师、与玉米共同经历的那些事。

而闲置一旁风干没用的玉米粒可以做什么呢？

小童：“可以当种子，下一次我们还可以继续再来种玉米。”

小楠：“这样好多的种子就能生出很多的玉米。”

小蔚：“太好了，玉米怎么这么厉害，还能变出那么多。”

小雅：“下次我们还能拿来做玉米炒饭、玉米饺子！”

……

孩子们亲身参与种植玉米的全过程，他们非常珍惜这来之不易的成果。收获玉米之后发自内心的兴奋也感染着我们，当然也包括全程“围观”的家长们。而孩子们在玉米收成后的第一个想法，就是带回家与家人分享这份“荣耀”、品鉴成果，可见在这个过程中家长的参与助力给予了孩子们内心深处的坦然与感恩。而在制作爆米花的过程，他们积极专注地参与，主动寻找工具材料、不断尝试、记录表征、观察对比，重组、建构有关玉米的经验。孩子们在“发现问题—提出解决办法—大胆尝试—调整方案—再次尝试”的过程中体验着探索的乐趣，也收获了认真观察、敢于尝试等良好的学习品质。

玉米的精彩人生，也是孩子们陪伴它成长的美妙之旅。生活仍在继续，期待孩子们在与生活、与自然的对话中，能续写第二季精彩的课程故事。

【教师感悟】

1. 师幼共同建设种植课程，收获一定的经验

季节更替让每学期的种植活动都有不同的意义。基于儿童视角下种植活动的实践探索，让我们思考大自然、真生活赋予种植活动的教育价值。教师就是引导幼儿走进自然、回归生活的引路人。在幼儿已有种植经验的基础上，教师应改变原来“预设”幼儿“实践”的模式，与幼儿一起共构种植课程。

在种植活动前，我们引导幼儿调查春天适合播种的植物有哪些并做种植计划。幼儿投入到自然化、生活化的种植情境和过程中，在直接感知、实际操作和亲身体验中进行学习，带着感官、思维、情感去关注玉米的成长。幼儿在种植过程中遇到的一些问题、发现的一些现象是教师始料不及的，无法给出确切答案。而问题的产生往往蕴含下一个探究活动项目。教师以问题为导向，化问题为任务驱动，引导幼儿围绕种植过程中的探究点寻找问题的解决方法，并依照幼儿兴趣支持幼儿不断深入探究，建构、内化种植过程中的经验。也许有些种植经验如“怎么播种玉米”“玉米叶子为什么泛黄”“成熟后的玉米为什么长不好”在今后的生活中有的幼儿不需要使用，但在自主探究的过程中幼儿积累了一定的科学探究能力，收获了不怕困难、敢于尝试等良好的学习品质。

教师在陪伴幼儿沉浸于玉米的成长过程中，增进了对种植玉米的认识，更加了解幼儿在种植过程中的观察、表征、解决问题的能力，提升了在种植活动中的价值辨析、观察指导、反思调整、课程建设能力。玉米种植活动发生的这些有意义、有趣的事情，反映了教师基于儿童视角的种植观、课程观。

2. 课程资源利用最大化，支持多元发展

种植玉米的活动，蕴含了丰富的课程资源。我们在种植前也经过了“深思熟虑”，从解读《3—6 岁儿童学习与发展指南》中的相关发展目标，到预想可利用的课程资源、可能生成的教育契机。教师从班级幼儿的实际发展需要出发，充分利用各种课程资源——家长资源、网络资源、周边自然资源，

支持幼儿在科学、健康、语言、社会和艺术等方面都获得发展。幼儿种植计划制定、种植疑问解答不再是教师单向发力“授鱼”，而是笔者借助了家长资源、网络资源共同为幼儿种植关注点进行科普、答疑解惑，也为幼儿深度学习提供了支持。幼儿在获取学习资源和迁移经验的同时，也在积累自主探究的学习能力、不怕困难敢于尝试解决问题等良好的学习品质。周边自然资源包括了生活环境中各种物质资源的循环再利用——石子搅拌翻土、制作“肥料”、自然物测量，幼儿在和自然材料的互动中充分地感知与操作，收获数量、空间、测量、合作、规划、任务意识等多方面经验。教师借助多样课程资源赋予了玉米种植活动“授之以渔”的教育价值，让课程资源的教育价值得以充分地发挥，也让幼儿在与资源的有效互动中建构有益的经验，获得多元的发展。

3. 种植活动探索自然化，感受生命的繁衍

种植玉米的过程，不再是简单的种植经验的逻辑知识组织。在这场种植故事中，幼儿关注玉米长高、开花、结果、留种，我们基于符合中班幼儿年龄特点和学习规律的思考，与幼儿走进书籍、走进自然，了解玉米授粉才能结果等植物生命发展的必要方式，自然而然在探索玉米成长过程中推进课程；在种植过程中，除了关注幼儿所见所思外，我们引导幼儿学会关注季节、气候、生长因素对于玉米生长的意义。玉米出现黄叶是它生长过程中可能面临的情况，也受客观自然条件不可控因素的影响。幼儿在探索背后原因和尝试解决问题过程后，才能亲身体会生命的成长其实是充满未知与挑战，在特定时候生命的成长需要有特定的保护机制，但并不是所有的种子都能如期结果或者长出好果实。玉米授粉不均、结果数量少，同样给师幼留下了对生命繁衍的思考。幼儿想到“风干的玉米粒当种子，可以继续再种出玉米”，这就是玉米赋予幼儿朴素的生命繁衍思考。幼儿在当下季节、玉米自然成长状态下亲身感受生命的繁衍，用自己的方式理解生机勃勃的大自然。

课程故事整理者：叶琪琳

探索食育的生活课程故事

包饺子（小班）

晨间活动时，孩子们正沉浸在玩黏土的操作中。“快看啊！我包了个饺子！”突然，子霖兴奋地高喊了一声。一旁的凯晴看了以后，咯咯笑个不停，说：“你这是啥呀？一点儿都不像饺子！饺子上面是扁扁的。”说完，凯晴马上动手捏了起来。受到伙伴的影响，旁边的几个幼儿也纷纷效仿包“饺子”。一个个“饺子”新鲜出炉，可都遭到了凯晴的否认：“不像！”

看到孩子们自发地包“饺子”，我想，正好本学期的生活馆活动还未开始，且饺子馅料及表皮的多变性具有探索延展的空间，食材准备过程也有很高的可参与性，不如将“假”饺子变为“真”饺子。包饺子对小班幼儿来说绝非易事，这个有一定难度的活动，能成功吗？

包饺子初体验

晨间活动后，我再次询问幼儿：“我们要在生活馆做些好吃的，你们想试试包饺子吗？”“想！”“我最爱饺子了！”……我收获了很多肯定的回答，但心里仍然感到不踏实，追问：“你们谁包过饺子？怎么包呢？”我想以此了解孩子有关饺子的前期经验。

讨论过程中，辰铭说：“我家里有包饺子神器。”其他幼儿抢着说：“我也会用饺子器！”这一回答给了正在犹豫的我一针“强心剂”：“是啊，借助工具不就简单了嘛，试试看吧！”我建议幼儿回家后向家长请教包饺子的方法，并用黏土模拟尝试，再到幼儿园来试试包真的饺子。

在食材、工具筹备就绪后，包饺子的活动便开始了！孩子们洗净小手，探索着把葱切成葱花，把韭菜切成小段，把香菇剪成丁儿，把玉米剥成颗

粒……参与食材准备的过程，对幼儿来说更像是一次好玩的游戏。在这个过程中，孩子们表现各异：允镒从未体验过用刀切食材，只得小心翼翼地用切一刀、拽一拽的方法将葱切开；使用过剪刀的书妍、汐妍等剪起葱花来显得得心应手；芃然、祺帆则瞄着旁边的伙伴，一直调整操作方法；认真装馅的阿歌发现馅料总是不听使唤地“跑”出来，急得向教师求助，才终于掌握了装馅的诀窍……虽然孩子们对工具的使用略显稚拙生疏，但屏息凝视、认真的样子让人忍俊不禁。

孩子们不亦乐乎地忙活着。借助包饺子神器的一开一合，形态各异、五花八门的饺子就做好了。“老师，我们包好啦！”他们兴奋地将包好的饺子拿给教师并请教师帮忙煮，可我们发现有的饺子的馅多得撑破了皮，有的饺子“瘦”得只剩皮，但这丝毫不影响幼儿对饺子的期待。等待的过程中，他们互相分享着自己发现的包饺子的秘诀：“要装少一点，不够了再加。”“要往中间装，如果弄到旁边，包饺子器就捏不紧了。”“爷爷说装馅的时候压一压更好包，我就是用这个办法。”……

当一个个热腾腾的饺子出锅时，欢快的气氛洋溢在生活馆的每个角落。虽然孩子们表现得很期待，可我仍担心吃的时候他们能否接受饺子里的香菇。直到听见“我们的饺子真不错！”“真是太好吃了！”“我还要吃！”等赞叹连连从幼儿口中发出，我悬着的心才终于放下。环顾一周，我发现竟没有一个孩子挑出香菇或表示不想吃，连以往对香菇极其抗拒的“困难户”在那天

中午也吃得香极了。

反思孩子们为何会对平时不爱吃的食物出现“史无前例”的接纳，也许正是全程参与劳动的新奇俘获了他们的味蕾。幼儿在闻、剥、切、剪、包中，在与食材的零距离接触中，与食物产生互动，从而萌发了珍惜、喜爱自己所制作的美食的情感。

工具的使用，简化了包饺子的难度。在参与食材准备的过程中，虽然幼儿对工具的操作经验不同，但我欣喜地发现小班幼儿同样会在试错中调动自己的感官和经验，不断调整、尝试，在操作中感受到自己的力量。

探秘彩色果蔬汁

我带领孩子们回看了前一天包饺子的视频。随后，书妍兴奋地告诉伙伴：“我还吃过绿色的饺子呢！”这个话题引发了幼儿的讨论：“我吃过粉色的。”“我只吃过白色的。”“我吃过黑色的。”……阿歌说：“我想吃五颜六色的饺子。”我故作惊讶地说：“啊？看来饺子不是只有白色的哦！可是怎样才能让饺子变成五颜六色的呢？”桢煊毫不迟疑地回答：“加很多彩虹颜色的颜料！”幼儿叽叽喳喳地分享着自己的猜测和经验：“用彩色的橡皮泥。”“买五颜六色的饺子皮。”“用有颜色的饺子粉！”“我爷爷会做，要什么颜色就加什么颜色的蔬菜汁。”……

到底彩色饺子是不是用彩色的颜料或橡皮泥做的呢？“交给你们一个小任务，晚上回去问问家人或和家人一起查一查怎样才能做出彩色的饺子。”这个任务成了活动的催化剂。当天晚上，孩子们便带着任务和家人一起用图文并茂的调查表记录下自己找到的答案。

有了家长的助力，第二天，孩子们兴奋地带着自己找到的答案，迫不及待地和我分享："菠菜、胡萝卜可以做彩色饺子。""很多蔬菜是绿色的。""你要做红色的饺子就用红色的蔬菜水果，要做绿色的就用绿色的蔬菜水果。"……

为了满足孩子制作彩色饺子的心愿，汐妍妈妈帮助准备了菠菜、火龙果、胡萝卜等材料，还带来了制作辅食的工具。这天，为了榨出彩色的果蔬汁，幼儿来到生活馆寻找自己认为可以让果蔬出汁的工具。他们很快就根据调查表上的提示，找来了菜板、石臼、剪刀等，跃跃欲试地想要找出让果蔬出汁的方法。

在尝试中，幼儿发现石臼可以捣碎菜叶、火龙果。得到绿色、红色果蔬汁的幼儿兴奋极了。但面对坚硬的胡萝卜，幼儿怎么切都切不动，急忙向教师求助。在我的帮助下，胡萝卜被切成了薄片。幼儿用同样的方法将胡萝卜放入石臼中，可怎么也捣不烂。"肯定是因为我们切得太大了！""是胡萝卜太硬了。"……正沮丧时，凯晴说她有一个好办法，可以用榨汁机对付胡萝卜。在保育员的帮助下，幼儿搬来了生活馆的榨汁机，可启动不了榨汁机。这让期待着的幼儿很失望。我问："还有什么办法吗？"凯晴、汐妍、桢煊纷纷表示自己家也有榨汁机，可以带来。借着这个契机，我给全班幼儿布置了一个小任务，即"询问爸爸妈妈能否将榨汁机借来班级做彩色饺子"。我希望借此锻炼幼儿的任务意识。

当天晚上，我收到多个家长的询问，于是便在群中介绍了近期班级开展的食育活动和可能需要的支持，对已传达任务的幼儿提出表扬，对家长的重视和支持表示感谢，并传递了家园需要共同关注幼儿任务意识培养的理念。

对彩色饺子做法的猜测，体现了孩子们不同的认知经验。为了让孩子们获得相关的经验，我通过交代小任务，让孩子们和家人一起用图文并茂的形式记录自己的发现。对于小班孩子来说，直观形象的图画可以帮助他们更好地理解彩色饺子制作的关键步骤，形成可视化的初步感知，为他们探索制作彩色果蔬汁做好前期准备。同时，我引导孩子在探索中将遇到的问题作为任务驱动，在活动中注入任务意识的培养，引入家长资源为孩子的探索提供支持。

怎么做出饺子皮呢?

彩色的果蔬汁提取成功了，可怎么才能将面团变成圆形的饺子皮呢？为了让孩子们充分探索又不浪费食材，我先让他们用黏土尝试着做出饺子皮的形状。

拿出黏土的幼儿跃跃欲试。容玥揪了一团黏土，用手掌一摁，再用手指将其捏成扁扁的，很快，形状不规则的饺子皮就做好了。芃然看到后，说：“你的饺子皮不圆。”凯晴说：“我爷爷是用工具切圆的，可是我们班没有。”我提议：“怎么能让饺子皮更圆呢？你们也可以找找工具。”

在找工具的过程中，辰铭发现用来做辅食的棍子很像擀面杖。几次尝试后，他发现圆溜溜的黏土总是被压成“长长的舌头”，便放弃了这个做法，又拿起了旁边的盖子朝着圆圆的黏土用力一摁，他惊喜地发现黏土变得又平又圆了。他兴奋地朝我展示：“快看！”闻声而来的伙伴发现了这个做法，也找出了黏土盖子、水壶、盘子、盒子、碗等。不经意间，幼儿已经用自己的方法解决了问题。在他们多次尝试过后，我问：“有谁成功了吗？用什么办法才能让饺子皮又平又圆呢？”祺帆说：“要用平的东西才可以。”芃然说：“不平的东西会有图案，压出来的也不圆。”悦熙说：“如果太小了，还可以再拉一

下，捏一捏，把饺子皮变大。”最后，制作饺子皮的方法找到了。

儿童视角下的食育活动是轻松自在的。伴随着经验的分享，孩子们在与工具的充分互动中不断地尝试、调整、再尝试，找到了做出又平又圆的饺子皮的方法。随后的活动里，我们将这一“先团圆，再用平面物压饺子皮”的思路延伸到真实的饺子皮制作中。考虑到卫生，孩子们提议用平时吃饭的餐碟作为工具。

彩色饺子成真啦！

凯晴带来了三个神秘盒子，引来了小伙伴们的围观：“哇，彩色饺子皮！”“像彩虹一样好看！”……原来，凯晴爷爷听说今天要做彩色饺子，特意为幼儿准备了备用饺子皮，还将制作过程一一拍照。在观看凯晴爷爷制作过程的照片后，孩子们的制作热情高涨。

活动前，他们按照自己喜欢的颜色分成了三组，由三个教师分别协助。活动中，“菠菜组”幼儿延续了前一次探索榨蔬菜汁的方法，用石臼将菠菜捣烂，再将捣烂的菠菜放入榨汁机。“胡萝卜组”的幼儿小心翼翼地将胡萝卜切成丝，再将胡萝卜丝放入榨汁机。在将果蔬汁混合到面团中的时候，幼儿发现“面粉摸起来冰冰的”“摸起来很软”“面团有时会粘住我的手，抹点面粉就不黏了”，同时感知“面多了加水，水多了加面”这一和面团的过程。在教师的帮助下，混色的小面团成形后，幼儿调动前几次压皮及用包饺子神器包饺子的经验，小心翼翼地将馅料舀到饺子皮中间，再用小勺轻轻往中间一摁、双手用力一捏的方法，包了彩色饺子，随后也品尝到了自制的彩色饺子……

考虑到小班幼儿的年龄及动作发展特点，教师需要及时进行审议，挖掘幼儿可参与的包、压、榨汁等关键步骤，给予适宜的支持。

良好的家园互动有效地推进了活动。凯晴爷爷准备的五彩饺子皮和制作过程照片，更增添了幼儿参与制作彩色饺子的动力。“后备支援”能让幼儿更充分、从容地体验制作彩色饺子的过程。在与果蔬、面粉的互动中，幼儿运用多种感官自主操作、探究和体验，前期的榨、压、包等包饺子经验也得到了整合和运用。

【教师感悟】

幼儿园教育是回归生活的教育，更是一种回归教育的生活。当幼儿邂逅饺子，食育活动变成了舌尖和指尖上的探索。幼儿视角下的食育活动，让我更深切地感受到教师只有尊重幼儿的兴趣，才可能让生活化课程更有温度、更有滋有味。

1. 探寻幼儿兴趣，让活动有滋有味

在幼儿兴趣的“包饺子”活动中，幼儿均表现得兴致盎然、食欲满满。挑食或偏食是班级许多幼儿存在的问题，可饺子里的“包罗万象”让他们接纳了自己平时所不爱的食物。对于小班幼儿来说，虽然是带有“玩味”的简单参与，可真切参与食物制作的过程给他们带来了掌控感、成就感，以及人与人之间交往的幸福感和味蕾上的欢愉。

2. 设置问题情境，支持幼儿智慧探索

“怎么包饺子？”“怎么榨果蔬汁？”“怎么做出饺子皮？”……无论是探

索榨果蔬汁、做饺子皮的过程，还是参与洗菜、备食材、包饺子的过程，无不让幼儿置身于认识食材、学习处理食材、养成清洁卫生习惯的教育场中。在运用洗、切、揉、压、捏等多种技能中，幼儿充分调动感官操作并参与解决遇到的问题。活动过程既满足了幼儿探索食物的愿望，也丰富了幼儿的经验。

3. 审思成长过程，捕捉家园食育契机

此次活动，让我重新审视幼儿园食育活动的契机和家园共育的着手点。我认为幼儿对食物的接纳其实并不是非黑即白，影响幼儿对食物的接纳有两方面：一是幼儿的需求，即对于“吃什么”幼儿是否有充分的话语权和参与权。幼儿的需求、兴趣应作为膳食提供的重要参考，这就需要成人为幼儿提供充分表达自我的机会，了解他们想吃什么、喜欢吃什么。二是要为幼儿提供参与的多种途径与方法。除了“吃什么”，对“怎么吃”“吃得怎么样”这些问题，幼儿同样应具有发言权。即使是最年幼的小班幼儿，也能直观表达对食物的感受，也有能力参与食物的筹备和制作过程。同时，教师需鼓励家长在家中常带幼儿参与美食制作，在成人“别有用心”的改变中让幼儿体验饮食的多样化，以食物为媒，以点带面地丰富幼儿对食材的认知，丰富幼儿的经验。

课程故事整理者：彭思齐

探索一日生活场景的生活课程故事

“自动浇灌器”探索记（大班）

假期返校后，孩子们发现种植园地里的蔬菜都出现了干枯的现象。于是，孩子们对“蔬菜为什么会干枯”以及“假期里如何给蔬菜浇水”这两个问题展开了激烈讨论。在轮流到幼儿园浇水、请保安叔叔浇水、带蔬菜回家等费时费力的方案被大家一一否决后，孩子们提出可以做一个自动浇灌器，可以自动给蔬菜浇水，省时又省力。孩子们对“自动浇灌器”非常感兴趣，都想自己动手制作“自动浇灌器”，帮助蔬菜更好地成长。结合《幼儿园教育指导纲要》中指出的“幼儿要学会关心周围环境，亲近大自然，运用各种感官，动手动脑，探究问题”，一场关于制作种植园地的“专属自动浇灌器”的探索之旅由此展开……

“自动浇灌器”1.0——实现“自动浇灌”

第一次制作“自动浇灌器”，孩子们先画出了设计图。

设计好后，孩子们便到“材料超市”挑选小矿泉水瓶、塑料吸管、纸吸管等制作材料。只见，孩子们拿出了剪刀给瓶盖打孔，有了上学期制作沙漏打孔的经验，孩子们很快就在瓶盖戳出了洞来。弘弘选择了纸吸管，他将纸吸管插进瓶盖的洞中。泽泽戳的洞太大了，他塞了三根塑料吸管才刚好塞满洞口。

制作好后，孩子们迫不及待地把浇灌器拿到种植园地进行实验。为了使

浇灌器能够自动浇灌，部分孩子直接把浇灌器插进了土里，但是浇灌器瓶子里的水流不出来。另一部分孩子手拿着浇灌器实验，但也是一部分能成功浇水，一部分水流不出来。

孩子们对这次的实验结果进行了激烈的讨论：

晗晗："奇怪，我的水都流不出来，明明瓶盖都打孔了。"

泽泽："我用力一捏就可以出水了。"

扬扬："我的都不用捏就能出水。"

晗晗："你的浇灌器不是跟我的一样吗？就在瓶盖打孔啊。"

弘弘："我发现了！他的瓶子是破的，那里破了一个洞。"

在这一过程中，孩子们通过不断的观察、对比、实验，发现了有趣的科学现象。但由于经验有限，孩子并不懂"大气压强"的原理，我通过浅显易懂的语言帮助孩子们了解"大气压强"这一原理，"这个瓶底有个破洞让空气进去瓶子里了，空气会把水往下'推'，水就流出来了。"孩子们对这一科学现象的发现也将成为他们进行下一步探索制作的宝贵经验。

看着能成功浇水的浇灌器都是拿在手上实验的，青青质疑道："你们都是拿着浇水的，这样都不自动呀。""浇灌器如何自动给植物浇水？"孩子们讨论起来……

晴晴："我们可以把浇灌器放在植物上面，就可以自动浇水了。"

弘弘："不行的，会被土堵住。"

扬扬：“我们得给它弄个架子，让它‘站’住了，我之前在建构区用聪明棒拼过。”

伍伍：“给它做三只脚吧！我看过我爸爸拍照的相机是用三脚架撑起来的。”

有了想法后，孩子们对浇灌器再次改造，制作了“聪明棒”支架和“筷子”支架。孩子们将灌满水的瓶子倒插入泥土后，浇灌器能一直持续倒立滴水，“自动浇灌”了。孩子们将“自动浇灌器”1.0 投放到种植园地使用。

对于浇灌器，孩子们的经验有限，第一次的设计图，孩子们想到的基本是模仿洒水壶，在塑料瓶盖上打孔或在孔上插吸管。在制作过程中，孩子们刚开始按照设计图制作，但在实验的过程中，孩子们遇到了“怎么打洞”“为什么水流不出来”“怎么实现自动”等问题和困难，通过实验、观察、对比，积极与同伴交流解决问题的方法，孩子们不断地根据实际情况来调整原先设计，不断改良自动浇灌器，实现了“自动浇灌”。在实验的过程中，孩子们了解了“大气压强”这一知识经验。

“自动浇灌器”2.0——实现“多棵植物同时浇灌”

“自动浇灌器”1.0 已经投放到种植园地使用一天了，孩子们发现：“自动浇灌器”1.0 能自动浇灌，但是浇灌的范围很小，一个浇灌器只能给一棵蔬菜浇水。

关注问题是游戏指导的关键，在实验结果分享环节中，我根据孩子们的实验发现，帮助孩子们梳理问题：“什么样的浇灌器能同时浇灌多棵蔬菜？”引发孩子们思考，引导孩子们一起收集材料。

孩子们又开始了新一轮的设计及制作。伍伍将吸管的一端口折小一点，塞进另一个吸管中，以这种方法把 7 根吸管连接起来。接着，伍伍又用剪刀在两个瓶身上各戳了一个洞，并将长吸管的两端分别插入两个瓶子的瓶身中。最后，伍伍拿出来 4 根一次性筷子，用透明胶将 4 根筷子分别粘在两个塑料瓶上当支架。浇灌器制作好后，孩子们进行了实验，雨雨惊喜地喊道：“哇，这个吸管浇灌器在流水了，这些茄子都滴到水了。”晴晴指着出水口喊道：“快看，这边也滴水了。”只见伍伍制作的吸管浇灌器正一滴一滴地给植物们浇水。没过一会儿，泽泽疑惑地说：“奇怪，瓶子里还有水，可是怎么不滴水了？”妍妍说：“中间的吸管卡着了。”扬扬把中间的吸管放下来，水又开始滴了。弘弘说：“我知道了，水是从高处往低处流的。雨雨刚刚把中间的吸管放在茄子上，吸管太高了，水流不过去。”但很快，小瓶子里的水滴完了，又需要去接水了。

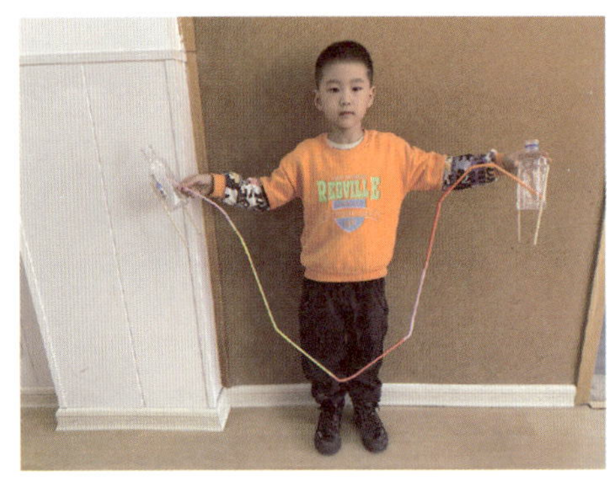

伍伍制作的浇灌器是浇灌面积最大的，但也出现了问题，孩子们针对这个浇灌器进行了激烈的讨论。

晨晨："吸管太小了，水都是一小滴的，而且连接处很容易断掉。"

睿睿："我们可以用粗粗的水管，在水管上面打大点的孔。"

弘弘："可以用管道积塑拼起来当水管，管道就有孔了。"

雨雨："瓶子太小了，水没一会儿就流光了，又需要去接水，太麻烦了。"

欣欣："用大桶就可以装很多水了。"

伍伍："大桶里的水用完后还是得去接水呀。"

洁洁："直接接水管到水龙头，一开水龙头就有水啦！"

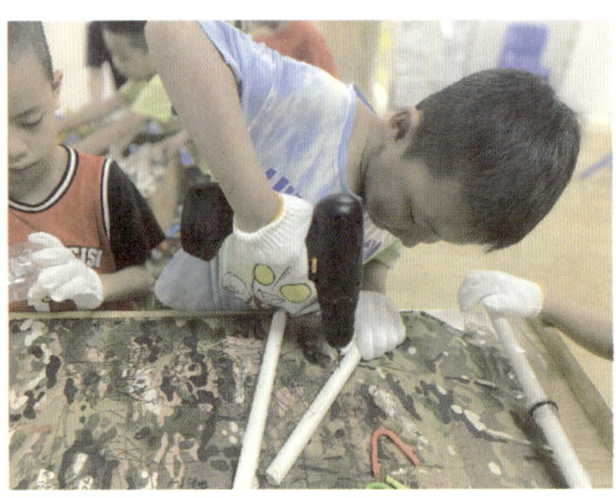

孩子们对浇灌器再次改造，“自动浇灌器”2.0——“多孔自动浇灌器”成型了，实现了长时间持续地、同时地浇灌多棵植物。

在“自动浇灌器2.0”的制作过程中，孩子们使用了吸管、水管、吸管积塑等材料制作浇灌器，在不断地试错、修正、调整的过程中，孩子们逐渐养成思考、讨论、合作探究的实验习惯，懂得了如何选择更适宜的材料制作自动浇灌器。孩子们在实验过程中，发现了一个又一个问题。在问题的驱动下，孩子们积极讨论、猜想，主动尝试、调整，一步一步改进自动浇灌器，使自动浇灌器更适宜种植园地。

“自动浇灌器”3.0——实现“喷洒式大面积浇灌”

孩子们制作的“自动浇灌器”2.0——“多孔自动浇灌器”能同时给多棵植物浇水了，但是浇灌器每个孔流出来的水只能浇到同个位置，而且水流大，把植物的土都冲没了。衿衿说：“我见过公园里的自动浇灌器是可以喷得很远，而且水还是细细的。”孩子们对这种喷洒式自动浇灌器很感兴趣，想设计出这种有着细细的水流，还能使整个种植园地都能浇到水的浇灌器。但孩子们对这种喷洒式自动浇灌器也有很多的疑问。

洁洁：“哪里可以看到喷洒式自动浇灌器呢？”

扬扬：“我在公园里看过这种喷洒式自动浇灌器，它能喷很高。”

弘弘：“喷洒式自动浇灌器是什么样子的呀，我都没见过。”

泽泽：“我们要怎么样才能做出这种浇灌器啊？”

我将孩子们的疑问制作成问题调查表，让孩子们和家长一起通过实地观察、查阅资料等方式对喷洒式自动浇灌器有进一步的了解，并收集所需制作材料。对喷洒式的自动浇灌器有了进一步了解后，孩子们又有了新的想法、新的设计。

只见泽泽按着设计图将 PVC 管连接，并将一根 PVC 管头朝上插上去当作浇灌器的喷头。制作好后，泽泽将 PVC 管的一头接上了水管，水管接到水龙头，打开水龙头，开始实验。只见，水流源源不断地通过 PVC 管道往喷头涌出，重重地“砸”向青椒苗，青椒苗的土壤被“砸”出了个洞。晗晗

喊道：“水太大了，青椒快被弄倒了。”青青说：“浇灌器得喷出细细的水流，这样才不会伤害到植物。”我顺势问道：“什么样的浇灌器喷头才能喷出细水流呢？”听到后，弘弘想了想说道：“我看到我和扬扬在矿泉水瓶身上戳了很多小孔做的洒水器，能流出细细的水流。”泽泽高兴地说：“我们可以用矿泉水瓶做喷头呀，这样水流就能细细的。”我又问道：“为什么矿泉水瓶喷头的水流细细的，PVC 管喷头的水流那么大呢？”弘弘说：“矿泉水瓶的孔是小小的，PVC 管口太大了，要给它变

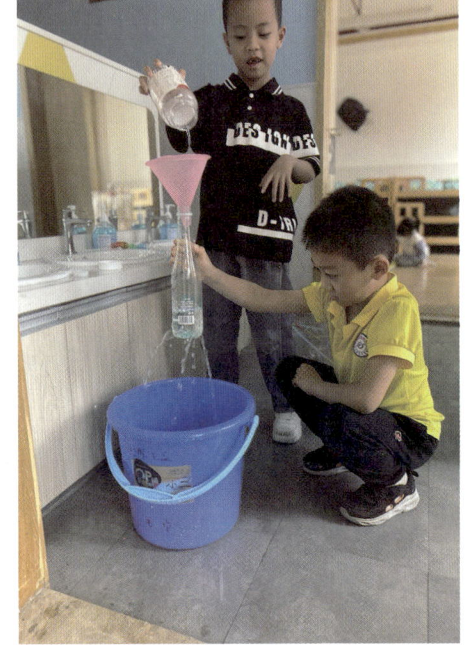

小一点，水流才能小。”睿睿想了一会，说道：“我们把 PVC 管口封住，再打孔，这样它的口就变小了。”讨论完后，泽泽说：“我们一起来制作细水流的浇灌器吧。”弘弘、扬扬、晗晗和睿睿异口同声说道：“好啊！”只见泽泽拿出铅笔圈出设计图的一小段写上 26，对弘弘说道：“弘弘，你跟着设计图把这段拼起来，你来制作矿泉水瓶版的喷头。”不一会儿，泽泽将浇灌器设计图都分工好了，孩子们合作制作大型自动浇灌器，每个人用不一样的材料来制作喷头，有瓶子版、保鲜膜版、塑料袋版喷头。

升级版的自动浇灌器全方位喷出了细细的水流，让班级种植园地的小植物们都喝饱了水。

在制作自动浇灌器的多次探索中，孩子们能自主地选择合适的材料、综合利用资源，相互合作、耐心倾听他人的意见和建议，反复进行尝试和验证，最后能进行总结和反思，表现出很好的独立性和合作性以及解决问题的能力。活动过程中，孩子们的辩证思维得到锻炼，敢于质疑他人，同时也愿意将自己的想法付诸行动，用行动去验证自己的猜测。

【教师感悟】

1. 追随幼儿的学习轨迹，观察与解读幼儿的需要。

教师作为幼儿学习的支持者、合作者和引导者，在活动中观察幼儿的行为，解读幼儿的兴趣。在游戏中，我及时记录与分析幼儿的语言、行为，了解幼儿关于自动浇灌器的已有经验，及时帮助幼儿梳理问题，引导幼儿思考，并提供适时的支持。

2. 关注提问，以“问题”为导向展开游戏活动。

问题能指引幼儿探索方向。在探索中，我们不仅要关注教师的问题，也要及时捕捉幼儿的问题。在探索中，我提出了一些问题来启发幼儿思考，比如“为什么有的自动浇灌器能出水，有的却不行呢”“为什么这样”等问题。另外，教师应该及时捕捉幼儿的关键问题，加以梳理和整合，鼓励幼儿尝试解决问题，合作探索问题，从探索中获得知识、发展能力，比如“如何制作可以喷洒的浇灌器”“怎么制作细细水流的浇灌器”等。通过提出问题和解决问题，孩子们的探索不断深入，能力不断提升。

3. 提供有层次性的材料，不断提升游戏的挑战性。

在同一年龄段中，教师应根据幼儿的能力水平，在最近发展区内提供有层次性的操作材料，支持幼儿阶梯式发展。每一次的游戏，我都反思上一阶段孩子的游戏行为，不断调整材料，使材料的投放更具有层次性、适宜性。

课程故事整理者：陈嘉欣

我和牙齿的新鲜事（大班）

【故事缘起】

一次吃完午饭散步时，泊言的牙齿突然掉了，这一事件吸引了其他孩子的注意，大家纷纷围在泊言旁边饶有兴趣地讨论起来："我的牙齿已经掉两颗啦。""我的牙齿也在摇了。""我明天要去拔牙。"……于是，"牙齿"成了班级里的热门话题。

大班的孩子处于换牙的年龄阶段，他们对换牙充满兴趣、困惑和新奇，因此我们开启了一段关于牙齿的新奇之旅。

【活动过程】

1. 讨论：初发现

关于牙齿，孩子们开始了一场讨论会，并形成了一些有趣的表征。

浩浩："为什么泊言、佳昕都掉牙了，我还没掉牙？"

斯迦："是因为他们都没刷牙吗？"

小妤："我觉得是他们经常吃糖果，才会掉牙。"

雯欣："不对，我妈妈说长大了就会掉牙。"

昌锴："我奶奶就没有牙齿，因为她老了。"

榆林："是不是不小心撞到了？牙齿会掉吗？还会长出来吗？"

帅帅："应该会吧，但是可能就不是健康的牙齿了。"

思淇："我看到泓涵有几颗牙齿是黑色的，黑色就是蛀牙。"

梓晨："那你帮我看看，我有没有蛀牙。"

经过一番激烈的讨论，孩子们互相观察对方的牙齿。紧接着轩豪提出："我都不知道我的牙齿是什么样的？""我们科学区有镜子，你去看看呗。"顿时，一大群孩子冲到科学区，争抢小镜子，互不相让。

梓宸："大家都别抢了，我们厕所还有个大镜子可以照呢。"

清荷："我刚刚看到旁边还有放大镜，手电筒也可以啊。"

为了能看清自己的牙齿，孩子们运用了镜子、放大镜、手电筒等各种工具观察了起来，并有了一些发现与疑问。

祎航：“我的牙齿有好多蛀牙啊，而且超级黑。”

介一：“我有两颗牙齿和其他牙齿颜色不一样，是银色的，是牙医帮我弄的。”

昌锴：“为什么会蛀牙呢？”

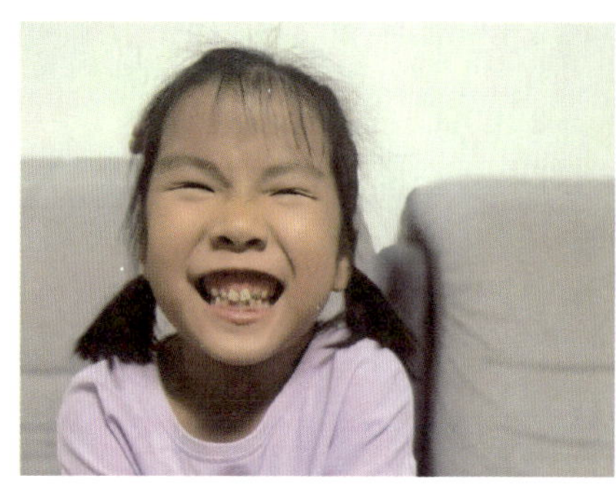

教师的思考：

（1）成人对孩子们换牙的经历已经见怪不怪了，但对孩子来说，充满了千奇百怪的猜测、惊奇、疑惑与幻想。我静心倾听他们的讨论，并没有直接告诉他们答案。

（2）孩子们在日常生活中关注到同伴有蛀牙，引起了其他孩子对蛀牙的兴趣，利用身边的各种工具，观察自己以及同伴的牙齿。孩子们在观察的过程中形成了对于蛀牙的困惑，我们何不以此为契机，来一场与牙齿的探秘之旅呢？于是，我鼓励孩子们自主探究蛀牙的原因。

2.观察：牙齿“生病了”

蛀牙到底是如何产生的呢？孩子们开始对蛀牙背后的秘密有了许多猜测。

理裕：“我觉得每个人都会蛀牙的，只是我还没有。”

梓铭：“不是，蛀牙是因为没有刷牙。”

佳昕：“我有刷牙啊，但是我也蛀牙了。”

诗桐：“我觉得是因为喝可乐，因为可乐很黑。”

我问孩子们：“要如何验证我们的猜想？”

轩豪：“做个实验。”

礼翾："用我们的牙齿做吗？"

理裕："不行，待会实验成功了，我们真的蛀牙就惨了。"

我顺势问道："你们觉得什么材料适合做实验？"

带着问题，孩子们回家搜集资料、询问爸爸妈妈，第二天将搜集来的资料在班上分享。通过投票，孩子们最终选择用鸡蛋壳进行实验，因为鸡蛋壳和牙齿的成分都是碳酸钙。泓涵发现用针在鸡蛋壳两端钻一个洞，放上气球，慢慢把气放掉，蛋液就从洞里流出来了。思淇的办法是在塑料瓶底下钻洞，在瓶口处封上橡皮泥再把鸡蛋固定上去，水往下流的时候蛋液也跟着流下来了。我们将收集好的鸡蛋壳投放在科学区。

我问孩子们："你们看看如果把鸡蛋壳涂上可乐、白醋会有什么变化？"

五天后，孩子们有了许多惊喜的发现……

泊言："我发现，涂清水的鸡蛋壳没有什么变化。"

韩凯："我发现涂白醋的鸡蛋壳变软了，以前我拿的时候不小心掉在地板上都不会碎，现在怎么轻轻摔一下就碎了呢？"

靖浛："涂可乐的鸡蛋壳变黑了，而且越来越黑，也擦不掉了。"

孩子们兴奋地分享自己的发现，原来鸡蛋壳含有的碳酸钙遇到白醋等酸性物品时，会让钙流失，所以鸡蛋壳变软了。我告诉他们：蛀牙的形成是因为牙齿产生了牙菌斑，我们吃了食物后，牙菌斑中的细菌会和食物中的糖分、淀粉发生一定的化学作用，然后产生腐蚀牙齿的酸性物质，这种酸性物质就会让牙齿里的碳酸钙流失，导致牙齿蛀掉。孩子们在实验中发现了蛀牙的原因，体会到了自我探索成功的乐趣，为后续进一步探索做了铺垫。

教师的思考：

孩子们对蛀牙的成因有着各种各样的猜测，通过调查得知鸡蛋壳和牙齿成分相似，用恰当的方法收集鸡蛋壳，并能对自己的猜测加以验证。在这个过程中，浓厚的探究欲望驱使他们从自发走向自主。

3. 游戏：牙牙医院开张啦

经过这一阶段的探索，孩子们对牙齿充满了兴趣与探究欲望。一次晨间活动，诗桐告诉大家："我的妈妈是牙医，她可厉害了，会帮人治疗牙齿，还会拔牙。"大家纷纷投来羡慕的目光，借此契机，我们邀请诗桐妈妈来幼儿园帮大家检查牙齿。

在一番检查牙齿后，孩子们觉得牙医非常厉害和伟大，好多小朋友萌发了长大后当牙医的愿望。

我问孩子们："虽然我们现在还没长大，但是我们可以体验一下当牙医的感觉。怎么做呢？"

韩凯："牙医是在医院里面上班的，我们可以自己建一个牙科医院。"

小好："我们建构区位置很大，可以建医院。"

"牙科医院"的建设在大家的提议下开始了，有孩子提议"牙科医院首先要有个名字，这个名字应该能让人知道这里是干嘛的，还要好听又好记。"孩子们畅所欲言，最终通过投票的方式取名为"牙牙医院"。

牙牙医院的搭建工程、增添设备历经两个多月，在孩子们的改造下，牙牙医院让人耳目一新。从一无所有到设备齐全，孩子们花了大量的心思，不断改进，整个过程经历了好几个阶段。

第一步，制作广告牌。

有了响亮的名字，怎么展示出来呢？孩子们想到在纸上请老师帮忙写字，于是我帮他们写好并贴上墙。孩子们发现这个广告牌太小了，并不明显。于是，我们在班上讨论什么材料适合做广告牌。之后，他们回家收集了大量的纸箱、纸盒、鞋盒等废旧材料，宇豪还从家里带来了一块好看的布，广告牌初具雏形。

但单纯用纸箱搭成的广告牌并不牢固，经常在孩子游戏时倒塌。于是，

孩子们又开动脑筋，开始寻找材料。帅帅发现了有一块积木的洞洞可以让水管穿过，这一发现让大家雀跃欢呼。但搭建的过程并不是一帆风顺，从一开始一块块垒高，结果倒塌，再调整组合方法，然后搭配颜色并合作搭建，大家最终成功让广告牌牢固且美观地立起来了。

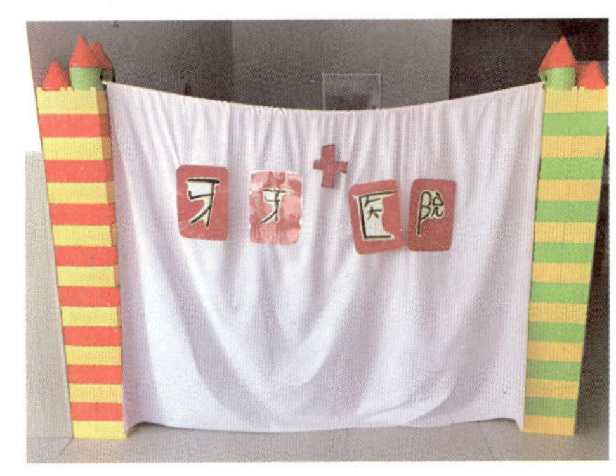

第二步，搭建服务台。

体验到成功的喜悦后，孩子们觉得自己是个小发明家了，更加有了创作的欲望，有了搭建服务台的想法。从小型到大型搭建，孩子们在游戏的过程中不断调整材料，但是纸箱搭建的服务台不牢固始终是一个问题，为此，孩子们利用周末特意去参观牙科医院，发现医院里的服务台就是类似桌子一样简单。于是他们着手搭建并装饰。

第三步，制作配套牙椅。

随着游戏的开展，他们需要的设备越来越多，病人应该在哪看病？医生用什么工具检查？在一步步尝试中，他们制作了躺椅，调整了枕头的高度和倾斜角度。

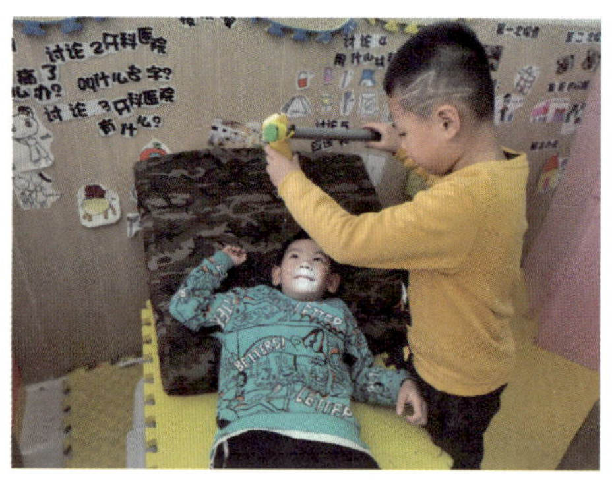

第四步，讨论药品、制作药品柜。

在设备越来越丰富的情况下，孩子们开始讨论牙牙医院所应具有的药品、设计标志并制作药品柜。尽管一开始容易倒塌、粘合不上，困难重重，但他们能巧妙发现生活中的材料并加以改造、创造，最终都一一完美解决。

教师的思考：

牙牙医院从一无所有到设备应有尽有，这个过程不是一蹴而就的。孩子们在游戏中不断发现问题、分析问题、合作解决问题并沉浸在发明创造、改进的氛围中，让我欣慰和感动，他们有着许多我们想不到的想法，让我由衷感叹其实孩子才是游戏的专家。

4. 实验：护牙大行动

孩子们对牙齿的探索渗透了班级的各个角落，也越来越关注。一天，梓晨问我："老师，我看到视频里有个小实验，含氟的牙膏涂在鸡蛋壳上放在白

醋里，鸡蛋壳不会变软，是真的吗？”“我们可以试试啊！”于是，我找来梓晨说的那个实验视频，做成课件让孩子们在班上观看。之后，集班里家长之力，找来了酒精灯、石棉网等材料。终于等到实验的当天，孩子们对这一探索满怀期待，一来园就着急地询问：“可以开始做实验了吗？”

孩子们将鸡蛋壳涂上了含氟的牙膏，放在白醋里，贴上1号，把另一个鸡蛋壳直接放入白醋中，贴上2号。随着白醋加热，散发出了一股刺鼻的味道，他们既惊喜又期待，目不转睛地期待变化。孩子们嘴里数着1、2、3、4……他们开始焦急了，怎么还没有变化？

浩浩：“哇，2号鸡蛋壳有气泡了，而且气泡越来越多了。”

诗桐：“1号都没有动。”

孩子们将他们的发现分享给了班上的其他孩子，孩子们对于涂上含氟牙膏的鸡蛋壳产生气泡有自己的想法。

介一：“没有气泡就是鸡蛋壳没有受伤，牙膏在保护鸡蛋壳。”

礼翾：“鸡蛋壳和我们的牙齿一样，保护鸡蛋壳就是保护牙齿。”

我将孩子们的经验进行总结：含氟牙膏会保护鸡蛋壳不被醋腐蚀，孩子们更加坚定了刷牙的想法。并约定家中每日洁牙打卡，早晚按时刷牙。为了能更好地清洁牙齿，我们邀请诗桐妈妈给孩子们介绍了正确的刷牙方法。

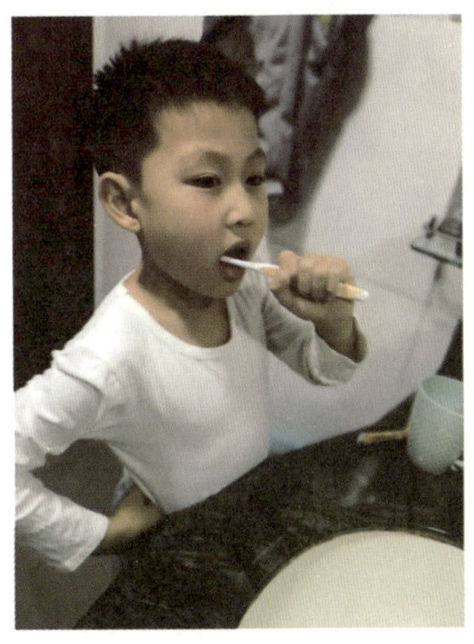

教师的思考：

（1）孩子们能关注到网络中关于牙齿的小实验，说明他们对于牙齿已经有了更进一步探究的欲望和兴趣。教师作为游戏的观察者和引导者，没有过多“追问”，而是最大程度地支持孩子们的想法，鼓励他们大胆尝试。

（2）牙膏与鸡蛋壳的小实验，是孩子们从蛀牙到护牙方法思维不断运用、知识结构不断扩大的过程。从园到家的迁移，他们不再是被动地接受家长的劝诫，而是主动地开始自我管理与要求。

【活动小结】

1. 在放手中为幼儿的奇思妙想创造机会。

此次课程故事根据幼儿的兴趣，围绕牙齿这一主线展开，故事的初始阶段，幼儿对牙齿有着各种各样的疑问，教师并没有急切地告诉他们答案，中止幼儿对牙齿的奇思妙想，而是放手将更多探索的可能性留给幼儿，幼儿在收集材料发现鸡蛋壳与牙齿成分相似时，自发地进行实验。教师的退一步是为了让幼儿能更进一步，在幼儿提出想建一个牙科医院时，教师跟随幼儿的自主意愿与活动进程，引导幼儿不断完善牙科医院的设备，让所想变成现实，在牙科医院的建构过程中，不断萌发新想法，并为之努力，相信幼儿是有能力的学习者。

2. 在观察中为游戏的停滞不前提供支持。

当游戏问题出现时，教师并没有过多地追问，而是在游戏陷入僵局时抛出一个开放性的问题，鼓励他们再次尝试，在幼儿遇到困难时及时帮助幼儿聚焦问题，用支持、赞赏和包容的态度鼓励幼儿再次尝试。在牙牙医院的构建中，幼儿发挥了坚持不懈、合作交流的学习品质，教师帮助幼儿在不断“试错”中充实经验。在幼儿看到牙齿与牙膏实验视频时，教师支持他们去验证。

课程故事整理者：方慧颖

探索周边资源的生活课程故事

奇思妙想的小白巴士（中班）

泉州古城春节元宵活动“流光溢彩点亮古城——小白巴士流动花灯展”成为一道亮丽风景线，吸引班上不少孩子和家人去感受体验。

幼儿观察小白巴士

开学初该话题引起大家的讨论热潮。于是孩子们围绕“小白知多少”展开了分享交流：

亦弘：“我坐过小白，车上挂着老虎灯、冰墩墩，很漂亮。”

铭宇：“小白和汽车不一样，一边是没有围起来的。直接就可以上车下车。”

尧丞：“司机的位置旁边有个投币箱，我妈妈是扫码付钱的。”

可儿：“我发现座位是红色和蓝色的，司机叔叔告诉我红色的是爱心座位。”

泓睿：“我也想当司机，开小白巴士玩玩。”

朵拉：“那我们就自己做一辆小白巴士，就可以自己开车游玩了。”这个想法得到了大家的赞同与支持。

投票选出最受欢迎的小白

小白巴士是生活中常见的交通工具，孩子们可以随时随地乘坐体验。如果能在游戏中有一辆小白那该多好，这样他们喜欢的开车游戏是不是可以更加生动别样，内容是不是可以更加多元化呢？基于幼儿已有生活经验的积累、幼儿生活周边文化资源的支持，同时考虑到生发该课程，蕴含多个领域学习，有助于提升幼儿多方面发展，一场关于小白巴士的项目探索就这样蓄势待发……孩子们投票产生了最喜欢的小白巴士造型，分成了小白车身组、小白装饰组。大家各自分工计划，开启小白梦想之旅……

车体制造初体验

小白车身组的孩子们计划商量用两个大纸箱来当小白车体，在多种工具尝试中发现宽胶带连接大纸箱最为方便又牢固。车头和车厢连接好了，铭钧说："小白没有车门，车一边是没有围起来的，这样乘客才能上车下车。我们要挖掉一边的纸箱才比较像。"我追问："要挖出多大块纸皮才合适呢？怎么挖呢？"乐轩想了想，说："我知道。"便自己用腿跨进去试一试。说："太高了，不合适，要裁得低一点才行。"我追问："要怎么裁才刚刚好？"铭钧想了想，拿出笔勾画出车门位置，几个小伙伴又继续一起合作，有的扶着纸皮，有的负责剪。在我的鼓励下，他们剪剪停停，好不容易完工。

游戏中，孩子们都愿意积极与环境材料互动，比较专注、投入，乐于尝试根据自己的生活经验使用工具材料。通过比较分析发现适宜的黏合工具，从中习得新经验，当同伴提出新的要求时能主动接受请求并合作分工完成，遇到问题不求助于老师，而是能动脑筋解决，有一定独立自主能力，坚持不懈的品质也彰显无遗。

车身完工了，接下来车顶该现身了。孩子们纷纷发表意见，可儿说：“我们还是用纸皮来割成车顶吧。”浩楷说：“那要很高呢。不能碰到我们的头才行。”我借势推问：“那你们量量看，车顶要多高才合适？还需要用到什么材料？怎么安装车顶呢？”孩子们又为下一步的游戏做准备，分头收集管子、棍子等材料。

游戏发展的轨迹就是幼儿不断发现问题、探索解决的过程。游戏中我们针对幼儿出现的问题和不同的需求，将幼儿置身于一个个问题情境中，以“真问题”激发幼儿探索内驱力。引导幼儿通过讨论、猜想、操作、验证等记录自己的所思所想，迁移经验解决问题，推动着孩子们的学习。

第二天他们几个商量好了安装车顶：有的站到车厢里，有的站在椅子上撑起纸皮，有的用 PVC 管来比对高度。确定适宜高度后在粘贴位置做好记号。可是当他们好不容易撑起来的时候，又发现车顶高低不齐，原来是管子长短不一。“我们需要再把长的管子裁掉，这样它们才能一样高。”铭钧马上想出办法。要用什么工具裁掉多余的部分呢？有的孩子说用剪刀，有的孩子说刻刀，孩子们意见不一。我搬来了工具箱，孩子们搜出一把管钳，很好奇，想试试它的威力如何。只见铭钧使出全身力气，两手使劲捏住钳子末端，用力捏合，反复好几次才终于裁断。胤权忍不住夸他：“铭钧，你就是大力士啊！太厉害了。”终于凑齐了 6 根一样长的 PVC 管，孩子们分头各自粘贴在车身的四个角和中间。

量量车顶要多高

可是，预想和现实总是距离遥远。五个孩子站在椅子上，用海绵胶来固定管子和车顶纸皮，可不一会，管子和纸皮又脱开了，孩子们有点泄气。怎么办？铭钧说：“要不然换胶带粘粘看！”转机来了。他们赶紧分工，有的撕

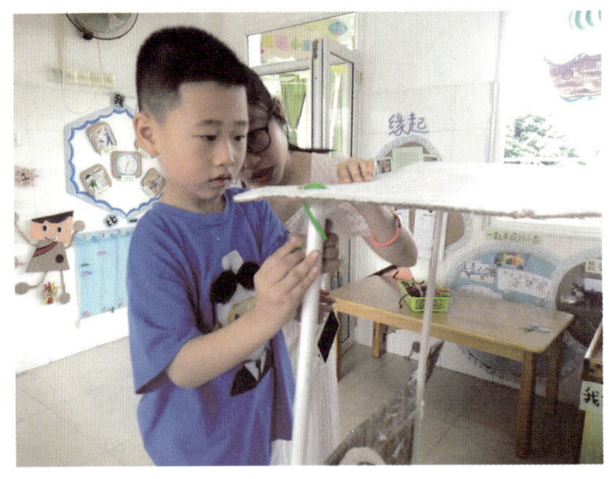
尝试扭扭棒来固定

胶带，有的扶管子，有的用胶带粘了一层又一层。可是不一会儿又松开了。看着孩子们无从下手、沮丧的表情，我安慰道：“哎呀，你们试了两种办法都不行，真的有点失望，不过别灰心啊，办法总比困难多。”我指着有鞋带的鞋子说：“你们看，鞋带穿过洞洞就能绑在一起。那我们试试用绳子穿洞洞来固定看看怎么样？”孩子们顿时来了精神。乐轩两眼发光，说：“我来。”便第一个站上椅子，在我们的协助下将纸皮捅了几个洞，用扭扭棒从上面穿入洞洞，绑在管子缠绕几圈，拧成结。孩子们低头一看，惊讶地叫起来：“成功啦，哈哈！”孩子们紧锁的眉头松开了，见到的是绽放的笑容。我不禁为他们的坚持竖起了大拇指。

在比对车顶高度、裁量管子、车顶与支架的连接固定等一系列问题中，孩子们能比较分析，观察寻找办法，努力动手尝试，借鉴迁移同伴的成功经验后及时自我调整、修正，从中习得对称、平衡的学习经验。可见，幼儿具有持续探索的精神和一定的探究能力。幼儿的合作水平在这样自然情境下得到了提升。

小白“动”起来真好玩

小白车身雏形逐步呈现，孩子们就急着想“试驾”，可是当他们推着车身前进，没一会儿就不玩了。“没有轮子，小白根本走不了，推着走太累了。”尧尧说。“都还没安装车轮，不要玩！”“对，我们得装车轮它才能动。”我顺势追问：“那用什么材料当轮子合适？什么办法能固定四个轮子，又能让它们滚动起来呢？”孩子们从材料超市里找出奶粉罐，觉得可以滚起来，适合当车轮。可是怎么固定在车身上？孩子们陷入了沉思。我没有急于告诉他们如何做，而是鼓励孩子拆开玩具汽车，探索轮子滚动的秘密。于是他们很快发

现，原来车轮中间有根滚轴，滚轴滚动就能带动轮子转动。孩子们如获至宝，开始新的探索……可是问题又来了：奶粉罐怎么扎洞，才能让棍子穿过去呢？孩子们利用剪刀、锤子、钉子开始了尝试……

当孩子们遇到问题，寻求帮助的时候，我们都放手给孩子，给予他们充分的讨论、交流的时间，让孩子们相互交流、相互启发，形成学习共同体。在这些问题情境中，孩子能积极动脑，仔细观察寻找原因。在拆装玩具车的探秘中解决了轮子安装问题。

孩子们费尽周折，终于把轮子棍子插入车厢底部，可是车子一开动，轮子却会翘起来，左右晃动，孩子们有点失望和无措。我不紧不慢地拿出小白车模，引导他们观察，孩子们发现：轮子侧面和车身侧面是在同一层面的。于是他们仿照车模，尝试将车厢下方剪出了一个弧形洞，将轮子移至弧形洞下面，和车厢处于同一层面，弧形洞刚好“套”住轮子。孩子们刚推了几步，就喊起来：“不行啊，轮子和弧形洞碰在一起，还是不能动。”我表现得很困惑，因势利导：“想想怎么样让弧形洞和轮子分离一点，使轮子能转起来？”铭钧看着轮子查找原因，想了一会儿说：“要不然我们挖个脚印，把脚套进去，开着车走？”好主意！孩子们不禁欢呼雀跃，立即投入新的探究——挖脚印，期待小白人工开动起来……

用锤子和铁钉合作戳洞

画脚印、剪镂空

孩子们费尽九牛二虎之力剪出6个脚印后，尝试把双脚套进脚印里，开动起来。可是孩子们发现轮子只能直行，不能拐弯，怎么办？乐轩说："我们用两只脚走起来，想开哪里就开到哪里，可以拐弯啊！"我及时应和："乐轩，你这是不错的想法呀！但是你们平时有没有见过轮子会自由转来转去的呢？生活中可要注意观察看看哦。"问题的提出再次引发了孩子们的观察与思考。

孩子们能结合生活经验想出挖脚印，用脚力替代马力使得车子前进的办法，体验到了车子开动的成功感。幼儿在"操作—发现问题—反思调整再操作"中，不断修正调整自我行为，表现出动手动脑、主动寻求合作、坚持不懈的良好品质。

小白"靓"起来更好看

爱美之心人皆有之。孩子们不仅关注小白的行动力，同时也关注小白的美观性。欣悦说："我见过的小白身上是很多白色的，还有蓝色搭配。"林湉说："我们小白这辆车没有颜色，不好看。我们把它涂一下吧？"这个提议得到了伙伴的呼应。于是围绕"怎样才能把小白巴士装饰得更美"这个思考点，小白装饰组成员各自忙活起来。

当讨论小白车身装饰的时候，有孩子提到了车身上张贴有醒目的宣传画。熟悉的钟楼、开元寺卡通版可爱形象标志引起了孩子们的兴趣，围绕话题"如果小白载游客旅游，可以去哪些旅游景点呢"，孩子们有话说……

尧丞："东湖公园很好玩，在湖上坐游船，还有动物园。"

媛媛："我去清源山爬山，好高啊。"

朵拉："我去过西街，那里有开元寺，里面有大乌龟，还有东西塔，很高大。"

施妍："我去过大坪山公园，山上有郑成功骑马的雕像。爸爸说他是一个打仗英雄。"

可儿："我去过中山路，看到时钟楼很漂亮。"

……

我借势推问："泉州好玩的旅游景点太多了，你想怎么做海报来宣传泉州独一无二的建筑物或标志呢？"孩子们调动已有的生活经验，适度借助辅助

材料进行海报设计与装饰，增强了建造小白的目的性，彰显了小白的特色。

给小白上色

给小白装挂灯

贴上海报、开动小白

家乡是每个人生长的“根”。对于中班孩子，家乡的意识正在逐渐形成。我们追随孩子的兴趣、需要、年龄特点，选择海报宣传切入点，以与家乡本地域文化相结合的方式，帮助孩子了解自己家周围的环境，产生对家乡的热爱之情，初步建立归属感，也彰显小白巴士的特色。

教师感悟

小白巴士制造一路过来，兴奋、开心、困惑、失望伴随而来，夹杂其中。该课程活动源于古城资源“小白”巴士，聚焦于幼儿的真问题、真学习、真生活，承载着幼儿的思考与探究。游戏中孩子们围绕“如何让小白车体现身”—“如何让小白动起来”—“如何让小白靓起来”等问题展开多层面探索，通过讨论、调查、猜想、操作、验证等方式记录自己的所思所想。在实践中幼儿不断调整、优化原先方案，不断修正自己的想法，直至合理。在一轮又一轮富有挑战的探索中，孩子基于原有经验建构起了丰富多元的经验体系。

教师的智慧也体现其中，运用环境支持、材料支持、问题启发支持、同伴资源支持、家长资源支持等多样的支持策略，为幼儿探索学习搭建隐形的学习支架，推动幼儿有效学习。我们将在小白制作材料的多样性拓展、小白装饰的创新以及小白观光游戏情节发展等方面继续挖掘内涵，推动课程的深入开展。

课程故事整理者：王雅蓉

项目式区域课程故事

“趣”玩迷宫（中班）

【活动缘起】

上学期，孩子们用纸皮搭建了组合型迷宫，在游戏的过程中遇到了纸皮软塌、易损坏等问题。孩子们决定更换材料，制作牢固、可玩性高的迷宫，他们通过亲子调查、同伴信息互换等方式，以投票的方式选出适合搭建迷宫的材料——PVC 水管。于是，一场“迷宫搭建”计划由此拉开帷幕。

【活动过程】

1.“不会迷路”的迷宫

这天，孩子们一起绘画迷宫路线设计图，但在搭建时无从下手。一个孩子提议：“我们先看图把地板上的搭起来，搭好了再让迷宫站起来。”孩子们经过探索与分工合作，将一个简易迷宫搭好了，他们迫不及待钻到迷宫里玩起了闯关游戏，但在游戏过程中，孩子们发现了许多问题：迷宫没有封闭的路线、路线简单、不一会儿就到终点了、迷宫一点都不好玩……

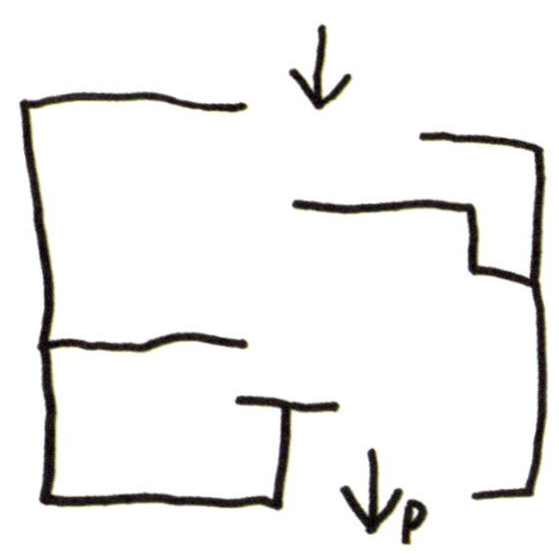

教师的思考：

（1）孩子们在发现纸皮迷宫软塌后能运用亲子调查、同伴信息互换等方式，选择合适的材料与同伴合作初步搭建迷宫。

（2）孩子们有初步的游戏计划和任务意识，围绕共同目标“搭建迷宫”

专注地投入游戏，在从平面图到立体的搭建过程中，孩子们能调动已有经验大胆思考，从平面设计图、搭建平面迷宫到搭建立体迷宫，但是从最初的设计图与实际搭建的成品图的“差异”可看出幼儿空间造型和思维能力还不够。下一步我们将和孩子们一起记录游戏中发生的事情，鼓励其在下次游戏中有计划、有目的地增设迷宫路线及封闭的路。

2.“会迷惑人”的迷宫

孩子们收集了大量的纸皮、玻璃纸、藤蔓等材料，在需要设置封闭路线的地方将水管进行测量、裁剪，并用扎带将材料与水管粘住，成功封住了路。在游戏的过程中，孩子们发现玩迷宫游戏的“游客”总是不走进死路里，不一会儿就找到正确的路到达终点。于是，他们召开了迷宫玩法分析会议，讨论“如何吸引游客走进封闭路”的方法，在头脑风暴下，孩子们梳理了三种不同的方法：一是在其上方悬挂“水果”，吸引“游客”进入；二是在里面放一个音乐播放器，播放好听的音乐，吸引“游客”聆听；三是在封闭路上方插上一面旗子，让游客误以为是终点。我鼓励孩子们将想法付诸实践，他们有的用彩泥捏出葡萄、苹果；有的负责悬挂音响；有的用纸皮画起了旗子……在分工合作下，“诱人的封闭路线”出现了，在游戏时，“游客”成功进入了封闭路里，孩子们欢呼雀跃。

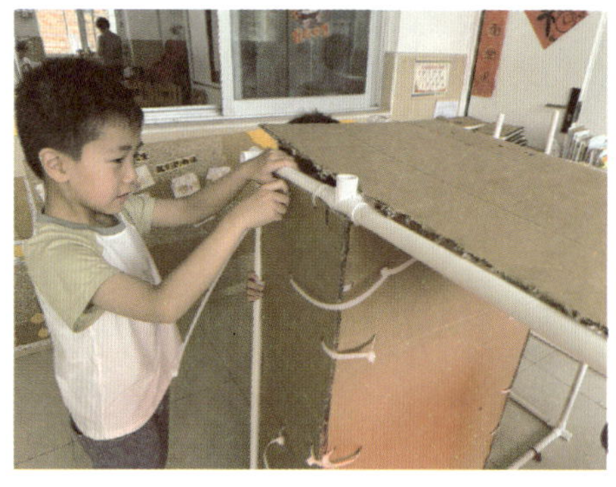

教师的思考：

（1）孩子们能利用工具进行数学测量，裁剪纸皮的长度和宽度，封闭路

口，数学思维与利用数学解决问题的能力正不断提升。

（2）在发现“游客”不进入设置好的封闭路线，游戏逐渐无趣后，孩子们能积极思考“吸引游客走进死路”的方法，利用彩泥、纸皮等多种材料制作“诱人的水果、旗子”解决问题，他们的创造力、思维能力及动手能力层层递进，在游戏中表现出了坚持不懈、大胆尝试、合作与探究的学习品质。

3.“多重阻碍”的迷宫

这天，迷宫游戏吸引了非常多孩子来玩，不一会儿，水管搭的其中一个入口“散架”了，孩子们气急败坏，我有意识地提醒：“为什么水管会散架？”有的孩子说：“因为水管接头粘得不牢固。”有的孩子说：“只有两个入口，人太多了，才会把水管撑坏。”有的孩子提议：“我们用胶水把水管加固一下吧。”“入口也要再增加一个，才不会拥挤。”孩子们将水管拼搭起来，增加了一个新入口。在游戏的过程中，孩子们发现入口虽然不拥挤了，但部分“游客”为了快速到达终点，总是不经过设置的路线，从旁边“空地”直接走到终点。几个人看着走廊剩余的空地，寻思道：我们把空地围起来吧，像一个房子一样，这样他们就没办法从外面走了。于是，孩子们用水管做了一堵长长的围墙，并用布粘住水管，将迷宫四面包围起来。为了让迷宫更美观，孩子们想用颜料将布刷上彩虹的颜色，但面积太大，耗时太长。一个孩子提道：可以将布进行扎染，她见过染布坊就是这样做的，方便又快捷。但如何将布染得更漂亮？我鼓励孩子们调查了解扎染的方法，并在下一次付诸实践。同时，孩子们还商量了迷宫的进一步玩法并设置提示牌：走到红色玻璃纸时要表演一个节目；

在有藤蔓的小路里由一个孩子扮演怪兽，如有人走进时“怪兽”就抱住此人，游戏停止一分钟；走到拐弯处需后退两步；走到纸皮处可前进三步……迷宫玩法升级了。

教师的思考：

（1）孩子们能聚焦游戏中出现的问题，分析问题并尝试解决问题，如发现入口水管“散架”这一问题时增加一个入口，解决拥挤的问题；发现“游客”从空地直接到达终点时，制作“迷宫围墙”让其不得不按路线走；发现用颜料为布上色耗时太长时，能够联系生活经验，运用扎染的方法将布染色。他们在游戏中不断解决一个又一个的新问题，讨论解决问题的对策并大胆实践。

（2）孩子们能积极思考，迁移生活经验，将前进、后退、停止等多种游戏玩法运用在迷宫游戏中，同时将数学思维在游戏里有机结合与运用。在迷宫的玩法升级中，孩子们整合多领域的内容，融合艺术、语言、数学等多学科的知识，巧妙地在纸板上设置隐性提示，将节目表演、数盘子等融入迷宫游戏。

4.“飞行竞赛”迷宫

为了让迷宫玩法更有趣，孩子们联想到飞行棋的玩法，他们设置了四个入口，并在入口处的地板贴上对应颜色的纸盘。为确保游戏的公平，孩子们设置了四条闯关的路线，参赛者可选择自己喜欢的一个颜色进行闯关，闯关时四人需轮流摇骰子，根据迷宫里的提示进行游戏，先到终点者为胜。为了让迷宫更吸引“游客”，孩子们在长布上绘画了迷宫图画，并画了几位挥着手的卡通人物，表示欢迎“游客”来玩。在游戏的过程中，孩子们发现有的“游客”已选择了绿色入口，但在闯关时走到了蓝色石板；有的“游客”没有根据纸板上的提示进行闯关……几位工作人员为维持秩序与规则忙得不可开交。孩子们提出要设置规则牌，闯关前需仔细阅读规则才能开始游戏。于是，他们在万通板上用气泡图的形式画上了游戏规则，如摇到 5 或 6 才可闯关、一次只能 4 人游戏、闯关时需走对应颜色的路线。为增加迷宫的挑战性，孩子们在每条路线上都设一个难度较大的游戏，如打地鼠游戏——一分钟内被打

到三下需退回起点；脑筋急转弯游戏——答对题目方可继续闯关；“我唱你接”游戏——需接龙工作人员唱的下一句歌词；“套圈游戏”——套中 2 只玩偶方可闯关。飞行竞赛迷宫激发了孩子们强烈的游戏欲望。

教师的思考：

（1）孩子们能在游戏中发现“游客”不按规则进行游戏的问题，设置规则牌，解决问题。在迷宫的一次又一次升级过程中，孩子们整合科学探究、工程设计、语言表征等多方经验，对迷宫游戏玩法从不断思考、不断探究到不断深入。

（2）迷宫的升级不能在一夜之间发生，而是在孩子一点一滴的尝试中、一次次经验的建构中不断完善，最重要的是孩子一直在探索的路上，教师作为观察者与引导者，细致敏感地发现孩子每一个瞬间的惊喜。

【活动小结】

1. 多元整合，构建 STEAM 探究体系。

搭建迷宫是一次多元整合的学习，幼儿在探究中获得科学、技术、工程、艺术、数学等多方面的核心经验，如科学方面能了解迷宫的性质、特点，以科学的角度观察迷宫的构造；在技术上逐步了解迷宫搭建的方法，能使用各种工具和材料搭建迷宫；在工程上能不断调整，按照设计图制作迷宫，不断优化形成最终富有挑战、趣味性的迷宫；在艺术方面能绘制迷宫路线图，画面美观、有创意，能结合扎染方法进行染布；在数学方面能根据绘制的迷宫平面图建立三维空间经验，转换成立体迷宫。幼儿在项目学习中逐步学会观察—善于发现—乐于思考—围绕问题—亲身体验尝试—寻求解决问题的途径和方法—提高解决问题的能力的项目式学习方式，发展幼儿创新意识、好奇心、想象力、动手能力、运用多学科解决问题的能力以及团队合作能力。

2. 问题导向，深度探索。

幼儿的兴趣驱使了他们对迷宫搭建的探索，以迷宫升级为探索点，幼儿从“不会迷路”的迷宫、“会迷惑人”的迷宫、情境性迷宫到“飞行竞赛”迷宫，让迷宫富有趣味及挑战，一个个问题不断引发幼儿深度探索，从出现问题到解决问题，再到新问题的出现再解决，最后到游戏情境、规则的深化，幼儿对迷宫的探索逐步深入。

课程故事整理者：方慧颖

自动检票闸机（大班）

【活动缘起】

班级项目式区域“趣玩乐队”正热火朝天，在首次售票时服务部的孩子们发现有小观众没有买票便进入观众席，无人检票。游戏后讨论时，以恒提出自己和妈妈去看五月天演唱会时不需要人工检票，都是刷一下门票和身份证通过自动检票闸机来验证身份，韵凯急忙应和：“对，我和妈妈去听音乐会也是，这样就不需要人来检票了。”以恒提议：“我们可以自己做一个检票闸机。”他的提议得到大家的响应，于是，一场关于“闸机”的课程就开始了。

【活动过程】

1. 做个检票闸机吧！

孩子们达成自制闸机的共识后立即寻找可用的材料和工具，恒恒搬来纸箱，与鸣鸣提议先做闸机机箱，两人很快便完成机箱部分的组装粘连。然而，这样的闸机对他们来说还是太矮了，凯凯随手将一个长条纸盒递给恒恒，恒恒将纸盒粘在闸机的最底层，咣当一声，三个纸箱倒下。孩子们随后取来建构室的碳化积木，将碳化积木抵在底部纸箱的两边，增加了机箱的稳定性。他们观察改良后的闸机，又提出新的问题：“闸机只有一边怎么行啊？平时我们见到的闸机都有两个箱体。”于是他们继续搜寻废旧纸箱，在大家的通力合作下，闸机大体完成！

教师的思考：

（1）孩子们在“自制检票闸机”的任务驱动下能与同伴选择适合的材料工具，灵活迁移生活的经验，大胆地尝试。在面对闸机箱体倒下的问题时，他们不怕困难积极动手动脑解决问题，并在熟悉的环境中找到“砖头”这一重物解决问题，表现出一定的观察联想、动手动脑解决问题的能力。但是他们对闸机的其他外部结构，如闸机需要门或栏杆这类结构部件的经验有待丰富。

（2）为了丰富幼儿认知经验，我们将继续与孩子们一同收集 PVC 水管、纸板、线轴、乐高等低结构材料。同时，鼓励孩子们和爸爸妈妈一起通过查阅书籍、上网查阅等方式，丰富他们关于闸机构造、设计原理等方面的认知经验。

2. 道闸臂安装成功啦！

在上次游戏的基础上，游戏伊始，孩子们便兴奋地将上次制作的闸机搬了出来。

凯欣对以恒说：“你看，我过来了，哈哈，这是我们做的闸机。”

以恒说：“但是你不能随便通过，要像我们的刷卡机刷卡才能过。”

邵伊说：“我们幼儿园门口那个就是透明的门。”

以恒反驳道：“我爸爸告诉我那个叫道闸臂，不是闸门。”

邵伊：“可是我们没有透明的板怎么做道闸臂？”

以恒说：“哈哈，瞧，这个水管也可以挡住你们。”

邵伊问：“那怎么装上去啊？”

以恒说：“戳个洞插在这个机箱上不就行了？”

于是，以恒拿来了两根水管，与凯欣通力合作将“道闸臂”插进了“机箱”，以恒扶着“机箱”，凯欣手动来回地伸缩水管制作的

“道闸臂”，通过一次就控制一次道闸臂，“手动”放行一位“小观众”，孩子们开心地欢呼了起来。而在一旁韵凯提出了疑问：“但是检票闸机不都是自动的吗？你们做的这个还要手动啊？”

韵凯的话顿时激发了其他伙伴进一步制作的兴趣，他们提议明天继续进行这个活动。

教师的思考：

“好问”是孩子的天性，也是探究过程中的典型表现，孩子们常常对所接触的事物或发现的现象提出相关问题。当他们与伙伴分享着简易版闸机制作成功的喜悦时，韵凯却提出疑问：“检票闸机不都是自动的吗？你们做的这个还要手动啊？”这时，我没有急于给出答案，为了继续支持他们游戏深入开展，我引导其思考其他材料的选择，鼓励他们以物代物；肯定孩子们提出的问题和进一步探索的欲望，满足其继续游戏的需求。同时发挥集体智慧的作用，组织孩子们讨论“怎样设计闸机才不用手动控制闸臂”，引导他们仔细观察各式各样的闸机，并鼓励他们将设计思路、问题困难、解决方法以图示表征。

3.道闸臂升级啦！

孩子们重新查阅资料，了解各式各样的闸机，观察不同闸机的外观结构和运行方式。众多闸机中，构造简单、容易复刻的三辊闸吸引了他们的注意。游戏一开始，恒恒便兴奋地和伙伴分享自己和爸爸整理的三辊闸调查报告和手绘设计图，迫不及待地升级改造道闸臂！

小煌说：“把水管插在纸板里试试。”

恒恒说：“我们一起把三辊闸装到机箱上吧！”

但是被固定在机箱上的三辊闸却纹丝不动。

凯凯抱怨：“还不如手动的呢！”

恒恒提议："如果要让三辊闸动起来，我们可以保留原先的单闸臂水管，再把三辊闸的闸臂装置套在水管上，使水管成为闸臂装置的滚轴。"

呜呜惊叹："哇，高科技啊！"

孩子们立马在闸臂装置的中心又戳了一个洞，并把装置套在滚轴上。由于纸板太软，且与滚轴的接触面积过小，试图通行的孩子身体接触闸臂时，闸臂装置依然无法滚动。

小梓说："之前哥哥姐姐做观光车时，就是用奶粉罐作为滚动的车轮，我们可以试试。"

凯凯找来一个线轴说："这个线轴大小合适，可以直接套在水管上，就会滚动起来。"

恒恒问道："三根闸臂要怎么固定在线轴上呢？"

凯凯说："我们用白色万通板取代纸皮试试吧！"

一系列操作完毕，孩子们迫不及待地转动闸臂，三辊闸动了起来。"成功！"他们欢呼起来。

教师的思考：

（1）在解决"如何让闸机自动化"这一任务驱动下，孩子们能迁移网络资源、观察到哥哥姐姐的观光车车轮习得的经验，将线轴与万通板、水管巧妙组合，破解辊闸滚动难题。同时，遇到问题能坚持不懈地尝试并想办法解决，如重新调整材料、选择适宜工具、复盘寻找的资料来实现三辊闸的制作，

孩子们体验了成功解决问题带来的满足感和成就感。

（2）在游戏后，结合游戏实录小视频，我们将鼓励孩子们与同伴分享合作探秘道闸臂从单根水管的手动操作升级成为加入线轴自动滚动的三辊闸的“个体有益经验”。同时，鼓励他们进一步探索如何安装三辊闸的办法，并提出自己的想法及所需材料，让检票闸机实现自动化的可能。

4. 一起来检票！

继上一次三辊闸升级成功，孩子们期待着升级后的三辊闸正式通行检票。但是在他们试用自制闸机时，辊闸总会不时滑落下来。

恒恒指着中轴水管露出的一头说：“要把这端堵起来，可以用之前搭建舞台的接头。”

孩子们听完建议立马取来三通接头，大家齐心协力完成安装。但是由于升级了闸臂又安装了接头，即便箱体底部用砖头压重，闸机还是侧倒了下去。

恒恒说：“运动会时我和黄老师做的怪兽道具也总会倒下，后来老师把椅子绑在怪兽身后，怪兽就不会倒下了。”小鸣立马搬来一把木头椅子，用胶带将椅子和闸机绑在一起。看着直立的闸机，小鸣笑开了花。

正当孩子们认为已解决所有问题时，新的问题在等待着他们。无论如何滚动，三辊闸的闸臂始终挡在幼儿的胸口，被拦截的幼儿依旧无法通过，这下幼儿犯了难。

恒恒说：“要不我们再仔细看看调查表中的闸机图片？”

小鸣说道：“爸爸给我看的三辊闸的闸臂并不是相互平行的，一根闸臂挡在胸前时，另外两根分别向下斜着，就像撑开的三脚架。”航航说：“把三根闸臂往外撑不就行了？”

于是，孩子们一点一点地调试三根闸臂的角度，每调整一次，他们就试着通过闸机，调整三次后终于将三辊闸调整到最佳状态。他们欢呼雀跃：“哇，大功告成。”他们急忙将这一好消息告诉给演唱会的工作人员，迫不及待地排起了队伍试行“检票”。

教师的思考：

（1）当孩子们遇到闸机机箱一直倒下这一问题时，懂得迁移运动会制作道具的生活经验，巧用椅子增加机箱的稳固性，当面对闸机安装成功却无法通行时，能观察对比已有认知经验，总结出问题关键——“闸机角度”导致通行不畅，并及时调整助力正常试行，充分展现出孩子们在游戏中思维的灵活与开放。

（2）我肯定了幼儿不断优化机箱稳定性、调整辊闸角度助力闸机正常运行，积极寻找解决问题的做法，鼓励逐步形成“闸机升级版”等创造学习共同体，同时在集中讨论时分享孩子们试行闸机的视频，与同伴一同分享自制检票闸机的乐趣和成就感。

【活动小结】

1. 对幼儿学习和发展的价值

整个游戏过程，幼儿能观察、比较各种低结构材料，分析材料特性，选择适宜材料制作“闸机臂”“机箱”等；在破解“如何自动”难题时能利用图画、符号记录自己的问题，迁移经验并大胆尝试验证自己的猜测；在不断发现问题、寻求对策、解决问题中推进游戏深度开展，促进幼儿高阶思维螺旋上升。面对闸机动不起来、机箱倾倒、纸皮制作的滚轴无法转动起来等问题时，幼儿始终坚持不懈地迁移运用多种方式投入到探索制作闸机过程中。他们认真、专注、耐心、坚持、敢于尝试、积极动脑解决问题等良好学习品质，将为幼小衔接乃至终身学习与发展奠定基础。

2. 教师的感悟

整个游戏中教师没有控制幼儿的活动，始终追随幼儿的兴趣，提供引导与帮助。如幼儿提出纸皮做的三辊闸无法转动时，教师支持幼儿并鼓励幼儿到百宝箱对比不同材料的不同特性，从而引发幼儿与材料互动，产生新的发现。教师敏锐捕捉幼儿生发出的一个个问题，对其潜在价值进行精准解析，对幼儿的发展需要进行科学判断，灵活切换“观察者”“指导者”“合作者”多重角色，通过巧设问题、组织讨论、分享交流等多样化的策略适时点拨幼儿，富有智慧地启发幼儿破解一个个难题。

【活动延伸】

随着智能时代的发展，道闸机除了在演唱会上使用，还有很多其他地点，如无人值守停车场、小区物业管理等都有使用。闸机的特性和功能也在不断地发展，我们将继续鼓励幼儿发现和制作各种各样的道闸机，鼓励幼儿共同筹划“道闸机展览会”，期待幼儿在这一过程中再次提出新的问题，迎接新的游戏挑战！

课程故事整理者：黄明珠

我们的超级战舰（大班）

【活动缘起】

森森带来的乐高生日礼物“辽宁舰”吸引了同伴的注意力，孩子们围着这艘神气的航模惊叹不已。航模虽酷却只能观望不能游戏，于是孩子们萌生了自己做一艘可以在里面玩的“战舰”的想法。他们纷纷和爸爸妈妈共同搜集关于战舰的信息，从战舰的结构造型，到战舰的武器装备，再到战舰的生活配备，孩子们共同积累的认知与经验越来越多，于是，属于孩子们的超级战舰打造计划就此开始。

【活动过程】

1. 搭建战舰

在孩子们的眼中，一艘能玩游戏的战舰究竟该在何处诞生呢？孩子们初步勘探了教室，却发现其狭小难以施展。于是，他们将目光转向了操场国旗台前那片开阔的草地。确定了搭建地点，了解了战舰的基本结构后，他们根据设计图确定了船头的方位，并开始寻找适合搭建舰身的材料。

有的孩子推来了攀爬架，将其巧妙地放倒作为船头；有的则搬来了地垫，将其立起并围合以构成舰身的主体；还有的孩子带来了轮胎和木板，他们的想法是将其组合起来作为支撑。然而，在孩子们忙碌地进进出出之时，他们遇到了一个棘手的问题——用地垫围合的舰身一倒再倒，无法保持稳定。

面对“舰身为何屡次倒塌”的问题，孩子们展开了热烈的讨论。“地垫立起来太窄，站不稳。”菲菲提出自己的看法。“或许我们可以换一种方法，将地垫放平。”兜兜建议。“那么，我们是否可以多搬些轮胎和木板，把木板架在轮胎上再铺上地垫呢？”昱森提出了不同的解决方案。“可是这样放平后，舰身的围合部分会不会太低，容易进水呢？”博涵提出了担忧。“我觉得我们不需要搬那么多东西，或许可以在立起来的地垫两边用不同的物品把地垫夹住固定。”吴霜贡献了他的想法。在激烈的讨论中，孩子们不断提出新的想法，寻找最佳解决方案。

孩子们的热议让我深刻感受到，每个孩子都具备发现并解决问题的天赋。

在老师的鼓励下，孩子们自由结伴分组，尝试用商定好的两种不同解决方法对舰身进行加固。他们根据实践结果验证、分析、梳理不同解决方法的优缺点，寻找最佳解决问题策略。经过不懈的努力和尝试，孩子们最终找到了一个既稳固又实用的方法——用轮胎和椅子在地垫里外对应点进行固定。这种方法不仅解决了舰身倒塌的问题，还提高了战舰的整体稳定性。舰身不再摇摇欲坠，战舰终于搭建完成了。

搭建舰头

舰身围合

教师的思考：

战舰雏形完成搭建的那一刻，孩子们的脸上露出了满足和自豪的笑容。他们围着战舰欢呼雀跃，仿佛已经驾驶着这艘战舰在浩瀚的海洋中航行。这次搭建战舰的经历不仅锻炼了孩子们的动手能力和团队协作精神，还让他们学会了在面对问题时如何进行思考和探索。他们通过调查设计了自己想要的战舰结构，选择材料运用围合、粘合、架高等不同方式进行搭建和固定，对材料的功能和技能的运用有了更深层次的提高。在互助、合作、计划、梳理与回顾中，“舰身”建构不稳的问题迎刃而解。幼儿了解了在外力的作用下，双面物体加固“舰身”比单面加固舰身更牢固；对称式摆放加固物，物体越重与“舰身”接触面越大，产生的地板摩擦随之加大，舰身越稳固等相关经验，进一步充实关于“稳固”的相关知识和习得操作方法。

2. 完善战舰内舱

在操场上，那艘由孩子们亲手搭建的战舰在阳光下熠熠生辉。炜程看着眼前的成果，忍不住赞叹道："这个大战舰太合适了。"他的声音中充满了自豪和喜悦。

战舰的搭建完成后，孩子们迫不及待地开始了他们的游戏。他们兴奋地搬来椅子坐在靠近船头的位置，找来了呼啦圈当作船舵，开始模拟驾驶战舰。这一刻，他们仿佛真的成为舰长，驾驶着战舰在广阔的海洋中航行。然而，一旁的森森却有些不满意。他不停地走动，小声嘟囔着："我们的战舰也太简单了，我的辽宁战舰可是有控制室和炮弹仓呢……"森森大胆地提出了自己的看法，他的话引起了其他孩子的共鸣，他们开始意识到，这艘战舰虽然壮观，但确实缺少了一些重要的部分，他们纷纷表示赞同，并开始思考如何为战舰加装内饰。

结合以往的调查经验，孩子们对如何加装战舰的内饰提出了各种看法。在儿童会议上，他们展开了激烈的讨论。经过商讨，孩子们决定在战舰内部搭建驾驶舱、武器库、信号塔等功能室。他们用思维导图的方式记下了讨论的内容，并在各个功能室的边上备注了可以选择的各式材料、数量及人员的分工。

有了明确的计划后，孩子们的搭建工作变得更加有条不紊。桌子、椅子、城堡积塑在他们的巧手下变成了精致的驾驶舱；轮胎架与迷彩布的组合则构成了一个隐秘的弹药舱；泡面盒与竹竿的碰撞则诞生了独特的信号接收器……每一个细节都凝聚着孩子们的智慧和努力。

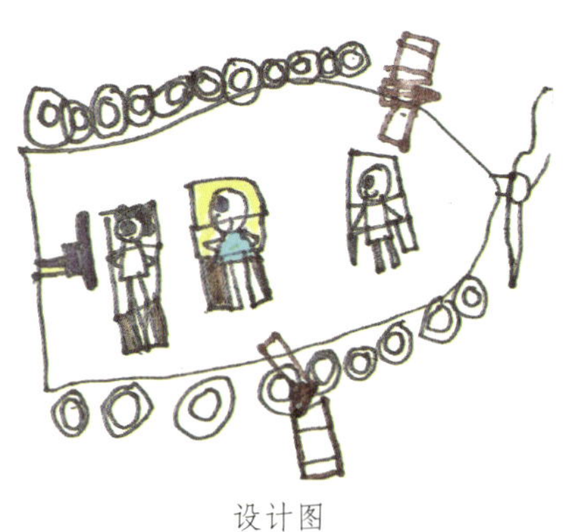
设计图

巩固舰身

丰盈内饰

控制室

教师的思考：

逐渐完善战舰，不仅是孩子们辛勤努力的成果，更是他们成长的见证。而此刻，他们的探索之旅并未因此结束，反而将焦点转向了战舰的内部，继续追寻着更多的梦想和游戏的可能，他们开始思考如何进一步完善战舰的功能，如增加防空系统、改善通信设备等。

从平面图纸到立体搭建，孩子们展现了惊人的创造力和实践能力。他们灵活运用架空、垒高、对称、组合等各种技能，精心搭建和完善战舰的内部结构。根据舰体的尺寸和形状，合理安排内部空间的布局，增设控制室、武器库、信号塔等功能室确保它们既符合战舰的实际需求，又能够在有限的空间内得到充分利用。在这个过程中，孩子们不仅提高了空间方位感，还深化了对测量、计数、数运算、量的比较等数学核心经验的理解。他们通过实际操作，学会了如何运用数学知识来解决实际问题，如测量舰体长度、计算材料数量等。同时，他们也在不断的思考和尝试中，发展了逻辑思维、空间思维及表征能力。

3. 战舰开始“打仗”

汲取了先前的宝贵经验，孩子们再次携手，有计划、有分工地共构军舰。他们有的负责运输材料，有的精心构筑军舰的外形，还有的专注于丰盈军舰的内饰。整个过程中，孩子们各司其职，团队协作有条不紊。

当最后一个雷达信号接收器被小心翼翼地安置在高高架起的竹竿顶端时，

一艘大型军舰建构完成。孩子们激动地击掌欢呼，迫不及待地投身军舰游戏之中。有的孩子巧妙借助攀登架与木板组合，创造了一个便捷的滑行通道，方便他们快速进入军舰，有的孩子在军舰外围放置了攀登架并稳稳搭上木板，内侧则铺上地垫，形成了一道需要跳过舰身的趣味关卡。

思维导图——战舰需要哪些材料

看着他们在军舰中自由穿梭、快乐游戏的身影，其他班的小朋友投来了羡慕的目光，纷纷主动加入到了扔手榴弹的对战游戏中。随着“敌人”数量的不断增多，有的孩子开始思考：“敌人怎么越来越多啦！”有的孩子则提出了解决方案：“不然，我们可以邀请他们一起练习打仗。”很快，一个崭新的计划应运而生——邀请隔壁班的小伙伴一起进行军事演练。

设计图

参与游戏的孩子们围聚在一起，热烈地讨论着如何让“打仗游戏”更加有趣。讨论声此起彼伏，有的提出可以模仿电视上解放军打仗时的情景，分成不同颜色的队伍；有的孩子则认为打仗时应该寻找掩护物，这样敌人就不容易发现；还有的孩子建议除了手榴弹，还可以增

制作信号塔

增设信号塔

滑行游戏

对战游戏

设炮筒来提高军舰的战斗力……他们的讨论声此起彼伏，如同美妙的交响乐，充满了无限的活力与想象。

教师的思考：

随着军舰军事演练的深入进行，孩子们的游戏体验逐渐升级，他们不再满足于简单的投掷和你躲我闪的扔手榴弹游戏。相反，他们根据自己的游戏经验，不断地丰富游戏的内容和细节。

在游戏材料的选择上，孩子们开始注意到游戏材料的丰富性。他们不仅增加了炮筒这一新的游戏元素，还通过不断尝试和实验，找到了更多可以融入游戏的材料。这些新材料的加入，让游戏变得更加有趣和富有挑战性。

同时，孩子们也开始关注游戏细节的丰富性。他们提出了躲避子弹、隐蔽发射位置等战术技巧建议，这些技巧不仅让游戏变得更加刺激和紧张，也锻炼了孩子们的反应能力和战术思维。此外，孩子们还设立了战壕，拉远了投射距离，让游戏更加符合实际的战斗场景。

在游戏和讨论的过程中，孩子们的经验和智慧得到了双向输出。他们不仅从游戏中获得了乐趣和成就感，还通过讨论和交流，分享了自己的游戏经验和战术构想。这种经验、智慧的碰撞，让孩子们在相互学习和启发中不断成长。

4. 战舰“战斗”升级啦

在这片被阳光照耀的战场上，孩子们紧握着游戏的秘籍，如同勇士握着宝剑，迅速进入了“战斗”的准备状态。他们以红蓝两色旗帜为界，划分了各自的领地，用轮胎、木梯、木板、攀登架等材料，巧妙地构筑起一片战场隔离区。这片隔离区巧妙地隔开了敌人与舰艇之间的距离，增加了投掷的难度，同时也增添了游戏的乐趣。

随着战斗号角的吹响，各个角色迅速集结，根据作战计划各司其职。护旗队坚定地守护着己方的旗帜，侦察兵则机智地寻找着对方的破绽，炮筒手持着最新研发的空气炮筒，如同隐形的猎人，藏在炮塔区，向对方的旗帜发起猛烈攻击，投掷兵和神枪手则带着盾牌冲锋在前，勇敢地攻打对方的士兵。

制作战旗

制作炮筒

设计战壕

军事演练

战场上，孩子们的配合默契有序。他们灵活运用战术，时而冲锋陷阵，时而隐蔽行动，每一次进攻和防守都充满了策略与激情。随着战斗的结束，孩子们纷纷表示这次军事演练是他们玩得最过瘾的一次，他们期待着下一次的演练。游戏过程中，孩子们不仅锻炼了团队协作和策略思考的能力，还学会了如何在压力下保持冷静和自信。他们通过游戏，感受到了军事演练的魅力和挑战，也为自己种下了一个小小的军事梦想。

【活动小结】

1. 师幼共构，蓄力前行

随着幼儿经验的积累，他们在游戏中不断产生新的问题。教师顺应需求，给予幼儿充足的时间和空间，通过组织讨论、激发创意、适时的干预、经验的支撑以及家校的紧密合作等方式，支持他们自主探索和解决问题，激发了他们对知识的持续追求和对未知领域的好奇心，尽情享受游戏带来的挑战与快乐，为未来的学习生活打下坚实基础。

2. 趣味挑战，深度探索

在充满乐趣的挑战中，孩子们深入探索，从选择合适的材料到构建的过程，从二维图纸到三维实物的转变，孩子们经历了失败与重来的过程。面对如何稳固舰体、舰体内部空间规划以及炮弹发射机制等问题，他们通过寻找可变多变、低结构材料及辅助物进行多样组合，最终成功打造出心仪的战舰。这一过程中，他们收获了团结合作、主动解决问题的能力以及成功后的自信。在搭建战舰的过程中，幼儿运用了科学探究、工程设计、艺术创新、语言表达、数学经验等多学科认知，不仅解决了实际问题，还增强了协作精神和问题解决能力，对空间、距离、方向等概念有了更深入的认识。

3. 塑造勇敢、坚韧、创新的优秀学习品质

在塑造学习品质的过程中，孩子们从“战舰初建”到“战舰优化”，依据设计图进行材料的探索和验证，以证实方案的有效性。在游戏中发现并解决问题，孩子们持续思考、调整，保持了探究的热情。在军事模拟游戏的环境中，他们对军事知识产生了浓厚的兴趣，展现出了积极主动、专注认真、勇于探索等良好的学习风貌。在攀爬高处观察、执行岗哨任务中，他们能大胆克服心理恐惧，逐步培养出坚韧勇敢的个性心理品质。

4. 问题驱动，推动自主游戏的持续性和进阶性

问题驱动是推动孩子们自主游戏持续性和进阶性的关键，孩子们在自主互动中产生的疑问成为游戏主题的核心。在游戏过程中，教师始终站在孩子们一边，在适当的时机给予他们需求与材料、资料查询、家长参与的支持。从使用单一材料构建“战舰”到利用多样低结构材料构建情境丰富的“战舰游戏”，教师不断捕捉真实问题，激励孩子们在与环境的互动中自主提问，使他们在自主探索中提高解决问题的能力，进而完成“战舰”的自我构建，有效地促进了孩子们的深度学习与发展。

课程故事整理者：严斯怡

哇！超级大水池真好玩（大班）

【活动缘起】

爱玩水，是孩子们的天性，在共构“科技馆”游戏课程的过程中，孩子们看着班级旁边的大露台，大胆提出了想建一个可以玩各种水上游戏的大水池的想法。针对孩子们的兴趣与需要，链接自身游戏经验，我们投放各种材料，引导孩子们大胆尝试，制造好玩的大水池。

【活动过程】

1. 简易大水池吹散了

灵灵带来了一块大的防水布，孩子们把布带到大露台铺开，大家立刻叫了起来：“哇！好大的布啊，我们可以做一个大大的水池了。”

林林：“要怎么把布变成水池呢？四周要有一个高高的边，不然水会流出来的。”

宏宏：“我觉得可以将椅子和布绑在一起，围起来就是大水池了。”

灵灵：“四周还可以围一些塑料椅子。”

刚做不久，三楼露台刮起了一阵大风，孩子们绑的大水池雏形，连同防水布和椅子，全部被风吹开了。看到这一现象，大家又叫了起来：“风实在是太大了，我们的水池都被风吹散了。”

灵灵说：“可能是我们用的椅子太少了，多绑一些椅子试试看。”

宏宏：“我觉得椅子太轻了，要用重的东西压住。”

煜煜：“我们有什么重的可

以压住呢？”

靖靖：“我觉得用我们收集的油桶装水就很重了。”

宏宏：“对，那我们把油桶压在防水布上就可以了。”

说干就干，孩子们到材料收集区拿了许多空油桶，到盥洗区装满水，一桶一桶地把油桶搬到了防水布的上面，不一会儿，防水布四周摆好了几十个油桶。

灵灵：“我们用扎带把油桶和布绑起来吧，绑好了大水池不就好了吗？”

教师的思考：

孩子们拿到大防水布第一次尝试围大水池，他们自主选择椅子、防水布等材料工具，根据水池的外形特征，尝试运用围合、捆绑等制作他们认为成功的大水池，孩子们表现出充分的自信和勇于大胆尝试的特性。一阵大风刮来，孩子们设想的大水池雏形瞬间被风吹散了。这是孩子们没有预料到的问题。当水池被吹散后，孩子们能根据出现大水池被吹散的问题，通过讨论，达成一致意见，想出了用水桶装水加重的办法，解决了水池的承重问题，也提升了孩子们解决承重问题的经验。

2. 超级大水池成型了

靖靖拿了扎带，将防水布的边缘和水瓶的提手绑在一起，其他小朋友也一起帮忙绑。皓皓把防水布的布边缘往上折，大水池围起来了。

皓皓：“我们赶紧将水管接起来，可以放水吧。”

靖靖：“我觉得这样还不行，不够牢固，万一水从布的旁边流出来，那可怎么办？”

皓皓：“我们试一试嘛。”

林林：“我也觉得不一定能放水。”

争执不下之后，他们来求助老师：“老师，你觉得我们可不可以放水呢？”

我告诉他们：“我也不能确定，不知道放水之后会不会漏水。”

靖靖：“那有没有谁可以告诉我们呢？这样可以灌水了吗？”

我：“不然我们去问问专业的老师吧？”

根据孩子的需求，我们拍摄了大水池的小视频，采用微信咨询的方式，

询问具有制造大型戏水池经验的体能训练老师。吴老师给予孩子们建议：像这样用油桶间隔围起来的水池，还是不够牢固，还要用椅子围在防水布外，围满一圈并扎紧加固。于是，孩子们利用饭后、离园前时间，按照建议将椅子放倒，椅背着地，围在防水布的周围，再用扎带把防水布和椅子腿绑起来，大水池终于大功告成了。

靖靖："哇！大水池终于成功了，这下可以灌水了吧？"

鑫鑫："我们接上水管试一下。"

在教师和孩子们的共同协作下，水管接好了，等待了一个晚上，大水池终于装满了水。

教师的思考：

孩子们运用自己的经验，想出来使用空油桶装水，压住防水布，围成大水池的方法。但是围好大水池以后却出现了两种不同的意见，一种是认为可以注水，另一种觉得水会从旁边流出来。当他们拿不定主意的时候，首先想到了求助班上的老师。由于我们没有制造大水池的经验，并不能给予他们帮助；因为涉及宝贵水资源的问题，我们也不敢让孩子贸然尝试。但教师作为幼儿游戏的观察者、倾听者，更是支持者，当孩子遇到瓶颈时，我们应当顺应孩子的需求，调动各种资源来帮助他们完成任务。

3. 水上游戏初级版

早晨一入园，孩子们便来到天台看大水池，看到水池装满了水，水也没有漏出来，大家禁不住讨论起来。

玥玥：“太喜欢大水池了，我真想马上跳进去玩呀！”

皓皓：“直接跳下去多危险啊，我们要想一下有哪些玩具可以放到水里玩。”

靖靖：“我们把班上收集的玩具拿到大水池里来玩吧。”

他们将收集来的钓鱼、捞球玩具倒在水池里，开始游戏，有的拿钓鱼竿，有的拿小渔网，在大水池旁边玩起来。伊伊看到自己要钓的玩具鱼往大水池的中央移动，她站在水池旁边够不着，直接跨进大水池里，其他孩子看到她进大水池，也学着她走进大水池里捞球、钓鱼。

铭铭：“小渔网都被抢光了，我找不到小渔网，用钓鱼竿怎么也没办法捞球。”

小玥：“为什么用钓鱼竿只能钓鱼，用渔网能钓鱼也能捞球？”

靖靖：“我和宏宏比赛钓鱼，我用钓鱼竿，钓得很慢，他用鱼筐，一下子就捞到很多，所以我输了，这样太不公平了。”

针对孩子们出现的问题，我们采用拍摄的方式，将大家提及的问题摄录下来，在集中分享游戏时，通过回放，引导孩子们发现游戏中出现的问题，并积极思考解决问题的办法。

靖靖：“我觉得如果要比赛钓鱼，要选择同样的工具才行，不然一个用钓鱼竿钓鱼，一个用鱼筐捞，用钓鱼竿的怎么都不会赢。”

宏宏：“我觉得我们要玩钓鱼游戏的全部用钓鱼竿，捞球游戏的全部用小筐，不可以用小筐去钓鱼，这样就比较公平了。”

小玥：“但是鱼竿和捞球的小筐太少了，我们要想办法做一些一样的工具才够玩。”

楷楷：“伊伊走到水池里钓鱼，一下就钓了很多，我可以学她那样。”

我问孩子们：“大家觉得走到水池里去玩钓鱼游戏合适不合适，为什么？”

奇奇：“我感觉这样不好，太危险了，万一摔倒了衣服会全部湿了。”

玥玥：“对，衣服湿了会感冒着凉的，而且摔进水池里也会溺水的。”

我再问：“那么我们要怎么提醒大家注意这些安全事项呢？”

灵灵：“我觉得可以画下来，挂在水上游戏区提醒大家。”

通过讨论，大家共同制定了合理的游戏规则。为钓鱼和捞球游戏分别制作不同的工具，并共同约定游戏规则，同时选择了发光鱼、紫色球作为加分项目，提高了游戏的难度。

教师的思考：

（1）首次探索水上游戏，孩子们出现了“争抢工具材料、不满游戏缺乏公平”等问题，大家通过讨论的形式，想到了制作更多工具、制定比赛规则等办法，表现出孩子们积极思考、善于想办法解决问题的特点，通过集体智慧碰撞，大家将个体经验提升为集体经验，制定了相对合理的游戏规则。

（2）孩子们因为尽情游戏，忘记保护自身的安全，直接走进大水池，完全忽略了安全问题。水上游戏虽然好玩，但是安全教育是不可忽视的，通过视频回放与集体讨论，孩子们发现了进入大水池游戏的弊端，并运用表述以及表征的方式制定水上游戏的安全规则，同时将规则图示展示在水上游戏区，时刻提醒孩子们注意遵守共同制定的安全规则。

（3）如何将孩子们的规则游戏与幼小衔接或生活中的科学、数学有机融合，让游戏更具有寓教于乐的功能，是接下去亟待探讨的问题。

4. 水上游戏升级版

水上游戏区游戏开始，孩子们有的两两比赛，有的独自游戏。萱萱拿着泡沫箱，玩起捞球游戏，把大水池里的球捞完以后，萱萱在一旁的草地上点数自己捞到的球的数量，几十个球里有一分的，有十分的，萱萱数了三十三个一分球，遇到了十分球，一下子皱起眉头。

萱萱："我遇到问题了，就是球捞太多了，我都数不过来，要怎么办呢？"

靖靖："我是先分类再数的，先数一分的球有几个，再数十分的球有几个，这样分开来记录就行了。"

辰辰："我也是先分类再记，先数十分的球，10、20、30、40，数完十分，再数1分的，41、42、43……最后全部数完了，我就知道我一共捞了78个球。"

宏宏："我们钓了那么多鱼还有那么多球，还可以怎么玩呢？"

靖靖："如果这些鱼和球能像积分币那样换礼物就好了。"

教师："这是个好办法，要怎么换呢？用什么来当礼物呢？"

灵灵："我们DIY区有很多伴手礼，把那些礼物拿来兑换吧。"

楷楷："对，DIY区还有很多气球，也可以兑换。"

萱萱："可是要几个兑换什么礼物呢？"

宏宏："我们把换几个画下来吧，比如画10个球可以换什么礼物。"

萱萱："但是钓鱼呢，钓鱼很慢，如果钓10条鱼，要很久才能完成，捞球就很快。"

靖靖："不然我们钓鱼就少一半吧，5条鱼就可以兑换。"

游戏结果兑换礼物的新玩法得到了全班孩子的支持，兑换游戏由此展开……孩子们的游戏成果有了新的玩法，他们百玩不厌。

教师的思考：

（1）孩子们游戏的计划性不断增强，在游戏中出现了游戏成果太多、超过孩子们的认知水平、点数不清的问题。孩子想到了运用分类记录再点数的方法，解决了统计出现的问题。个别孩子的记录点数方法十分巧妙，可以在集中分享时与全体孩子分享，将个体经验上升为集体经验。

（2）孩子们能够迁移经验借助班级日常积分银行的规则，提出了新的游戏玩法：兑换游戏。我们可以以此为契机，引导幼儿思考，进一步讨论兑换规则、兑换要求、兑换人员等内容的制定。

（3）将统计、点数、记录等数学方法有机地融入水上游戏，让游戏不但具有娱乐性质，而且兼具教育意义，孩子们不光能愉快地玩钓鱼捞球游戏，更能在游戏后挑战自己的点数能力，积累自己的数学经验，富有挑战性的游戏才是让孩子们百玩不厌的原因。

【活动小结】

1. 基于兴趣，充分体现游戏趣味。

“超级大水池真好玩”是项目式区域活动“彩虹科技馆”里的一个游戏区域，孩子们通过参观科技馆，对科技馆内的玩水项目产生深厚的探索欲望。基于对水上游戏项目的热爱，最终萌生制造超级大水池的想法。虽然制作大水池对于孩子来说很有难度，但是通过大家的思维碰撞，借助经验，与伙伴相互协助寻找各种材料，最终大水池打造成功，并设计了多个好玩的游戏玩法，令孩子们百玩不厌。

2. 寓教于乐，自然融入入学准备。

水上游戏的游戏内容涵盖了五大领域的发展，是孩子通过直接感知、亲身体验和实际操作进行的，是孩子在内驱力带动下主动发现问题、探究学习，游戏规则亦是通过集体尝试最终认同而获得的共同经验，这个过程需要孩子们不断尝试、不断思考，根据问题作出调整，最终让游戏兼具寓教于乐功能，也潜移默化地融入了大班的入学准备，体现了游戏的教育价值。例如：好玩的捞球游戏、钓鱼游戏，除了具有娱乐性质，在后期，孩子们还设置了比赛、统计、兑换等有挑战性的游戏规则，这就需要孩子们在玩水上游戏的过程中，自主点数、统计、记录游戏材料，获取比赛成绩兑换相应礼物；游戏后的玩具、工具归类，也需要使用二维分类的方式收拾。游戏中的学习，让数学变得生动简单，润物无声的方式激发了幼儿对数学的敏感性。

3. 合理放手，尊重幼儿自主游戏。

游戏中，教师能关注到孩子的能力水平，从无到有再到成功，将孩子的想法变成现实，是孩子和老师共同努力的结果。例如：工具的改造、材料的升级、游戏规则的优化，教师引导幼儿通过讨论，一次次调整，给予孩子实现自己想法的机会。通过游戏交流环节的思想碰撞，达成共识，并以表征的形式绘制，展示在墙上或者展示板上，孩子们一次次地优化改进，让各种水上游戏日趋完善。

课程故事整理者：石书艺

欢乐娃娃机（大班）

【活动缘起】

开学初，瑶瑶带了两大袋和爸爸妈妈一起夹的娃娃来分享，孩子们都特别开心，开始交流起自己夹娃娃的经验。这个话题的热度在班级里持续不断上升，他们不约而同地想做一个属于自己的娃娃机。做娃娃机？我们对此感到匪夷所思，但看到他们自信满满和热情准备的样子，我们决定支持他们！

【活动过程】

1. 娃娃机框架搭好啦！

孩子们开始收集各种材料。他们围在一起商量用什么材料制作娃娃机。霖霖和柠柠觉得用大纸箱方便，轩轩提出可以用 PVC 管做上面的“玻璃窗”，用纸箱做下面的底座。最终，他们选择了用大纸箱。

他们先在纸箱的上半部分画出一个方形，并裁出，然后封上静电贴，一面娃娃机的“玻璃窗”就完成啦。正当他们高兴地想裁出侧面的“玻璃窗”时，却发现第一面“玻璃窗”断裂、凹陷、损坏了。他们尝试用透明胶、双

方案 1

方案 2

亲子共同收集的不同抓夹

面胶、彩色胶带修补破损的地方，尝试用 PVC 管支撑在箱子里使其不凹陷，但依然没有解决纸箱出现的问题。正在大家苦恼时，轩轩再次提出上面用 PVC 管，下面用纸箱的方案，这次得到了大家的一致赞成。他们寻找合适的纸箱做底座，比对纸箱的边长以切割同等长度的 PVC 管做上面的“玻璃窗”，几经调整与尝试，终于完成了娃娃机的框架。轩轩将每个连接处又用力按了下，允允和骏骏也一起帮忙，确定牢固后，霖霖雀跃地说:“终于好了，可以放抓夹进去了。”

教师的思考：

孩子们大胆选择材料，及时调整方案，还将方案 1 中出现的不牢固的问题直接转化为游戏经验，并运用到方案 2 中。我想我们应该请所有的孩子为他们制作出娃娃机的雏形喝彩，同时形成一个幼儿 + 家庭的巨大知识网，助力他们设计、制作、完成娃娃机。于是，我们发动所有的孩子和爸爸妈妈一起搜寻身边可以作为抓夹的物品。瞧，他们收集了各种各样的夹子。

2. 娃娃机抓夹动起来啦!

孩子们测试了所有的抓夹，最后决定用最像娃娃机抓夹的防烫夹试试。轩轩和骏骏把电话线绑在防烫夹上，拿着它在“玻璃窗”里外比来比去，想把它固定在中间，柠柠见状举起手里的软管支招:“把软管绑在两边，然后把电话线绑在软管中间。”“好主意!”孩子们有的固定软管两端，有的固定电话线。不一会儿就完成了。正高兴时，允允指出抓夹无法移动的问题。摆弄着纸杯的霖霖好像突然想到了什么，说:“把纸杯套在 PVC 管上，再把软管绑在纸杯上，就可以灵活移动了。”说话间，他已经在纸杯底部挖出一个洞，轩轩立马接过纸杯，套在一边的 PVC 管上，一试，大声喊:“真的可以前后移动啦，而且很轻松!”泽泽也拿了一个纸杯，模仿着刚刚的做法，安装好

了另一边。他们还想用同样的方法实现抓夹的左右移动，可是纸杯套在中间的管上却不好使。泽泽找来一节宽点的 PVC 管代替纸杯，成功实现了左右移动。一旁，霖霖扶着柠柠激动地说："我们就要成功啦！"

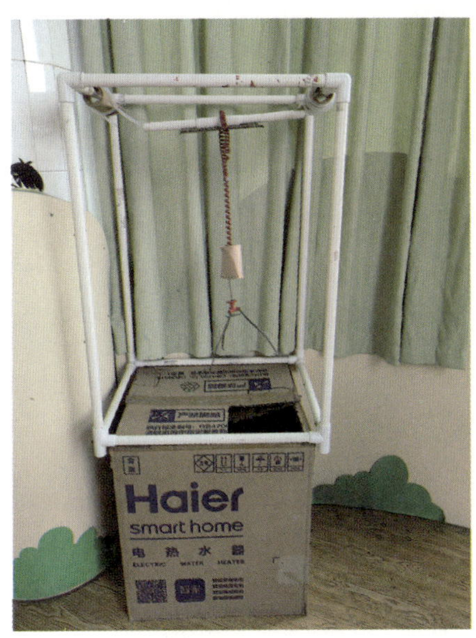

一代娃娃机

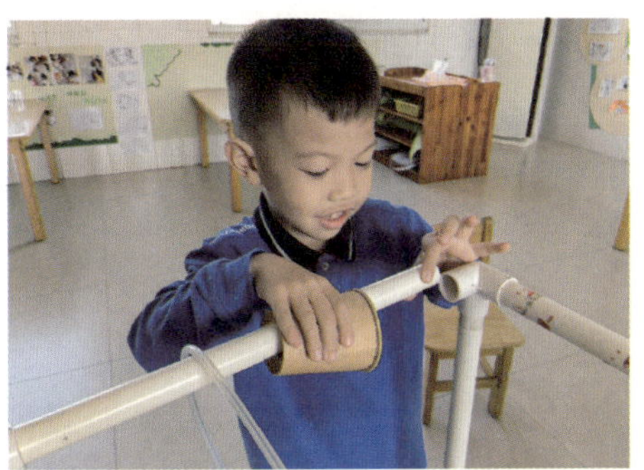

纸杯套在管上，实现左右移动

粗 PVC 管套在细 PVC 管上，实现左右移动

发现气压传动现象

沉浸在喜悦中的孩子们发现连接抓夹的电话线虽然有弹性但却无法控制抓夹上下移动，而且抓夹没有办法自动开合，还不能抓娃娃。看见他们紧皱眉头对着电话线发愁，我提议："要不我们去找找有没有其他可以用的材料？"孩子们转战材料超市。有的拿来螃蟹夹摆弄，有的转着风筝线轴，还有的玩着针筒和软管……过了好一会儿，骏骏找出一个无痕胶支架说："这个好像滚轮，可以装上去试一试！"于是，

孩子们开始调整、安装，他们把无痕胶支架和风筝线轴结合使用，成功实现了抓夹的上下移动。“可是这个防烫夹还是不能开合，怎么办？”这边正苦恼着，旁边玩弄针筒和软管的柠柠和轩轩激动地招呼大家去看他们的发现：将一边的活塞往针筒里推，软管另一边的针筒里的活塞会自动往外拉。霖霖看着针筒边抽拉着手里的防烫夹，边小声地说：“这两个有点一样。”轩轩看了一眼，兴奋地说：“这可能可以控制它的开合！”大家一时间都活跃起来，你一言我一语地讨论着怎么连接，最后在讨论和摆弄中发现控制防烫夹的拉杆就可以控制它的开合。几经尝试，终于成功连接针筒和防烫夹，实现抓夹的自动开合。而后，孩子们尝试用这一发现将手动控制前后移动升级为通过针筒控制前后移动。测试成功后，他们欢呼雀跃地和小伙伴们分享。

二代娃娃机

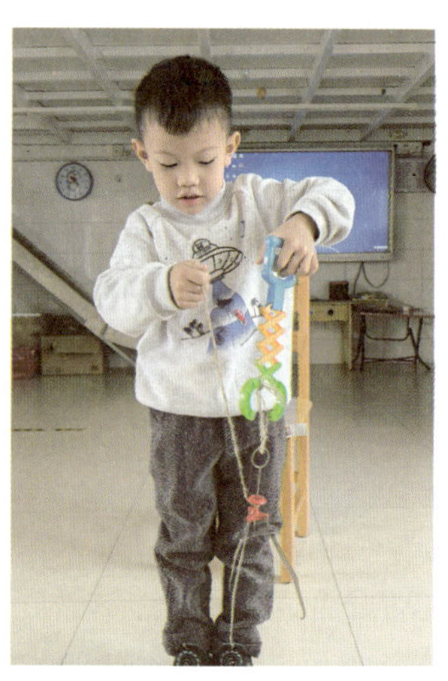
分享发现

教师的思考：

（1）“如何控制抓夹上下移动和开合”的问题使孩子们陷入困境，无从下手，但他们没有轻易放弃，而是在摆弄材料的过程中和不断地观察、假设、验证、反思调整中有了意外的发现和收获，在自主探索中初步感知了气压传动的秘密。他们充分调动自己的经验聚焦问题，探索问题，举一反三，灵活地将气压传动原理运用在控制抓夹前后移动的装置中，优化了娃娃机。

（2）我们鼓励孩子们将偶然发现的气压传动现象记录下来并在集体面前分享，肯定他们合作探索和不怕困难、反复尝试的行为。在集体分享时聚焦小伙伴们提出的“上下拉动软管时，无痕胶支架容易散开，导致不能使用”“目前只能手动控制左右移动，不能实现自动控制”等问题，启发孩子们积极观察、发现生活中、游戏中控制物体移动的现象，尝试用其他巧妙的方法和更多低结构材料或生活替代物探究控制抓夹左右移动和升降的问题。

3. 娃娃机变美啦！

针对“上下拉动软管时，无痕胶支架容易散开，导致不能使用”的问题，孩子们经过一番思考与尝试，决定用粗的 PVC 管代替无痕胶支架，充当滚轮的作用。他们发现粗 PVC 管不能太短，要长一点才能保证控制上下移动的软管一直在它上面移动。他们比长度、做标记、切割、组装，不一会儿就调整好了。紧接着，元元拿出带来的绳子跟小伙伴们介绍她想到的实现左右移动的方法：“把绳子绑在抓夹上面的 PVC 管上，左右各一条，想让它往哪边动就往哪边拉。”孩子们迫不及待地尝试，果然，可以轻松拉动。

三代娃娃机

顺利攻克难题的孩子们迫不及待地和小伙伴们一起分享喜悦，在邀请小伙伴试玩娃娃机后，却发现大家都不知道怎么操作娃娃机，有的小伙伴还建议他们要把娃娃机变得更牢固些、更漂亮些，才更吸引人。看到小伙伴们虽然喜欢却不知道怎么玩，孩子们讨论后决定用做标志的方式在每个操作点旁都贴上了各自可控制的是什么，却发现前后和上下画的箭头标志都一模一样，无法区分。允允提议应该画一

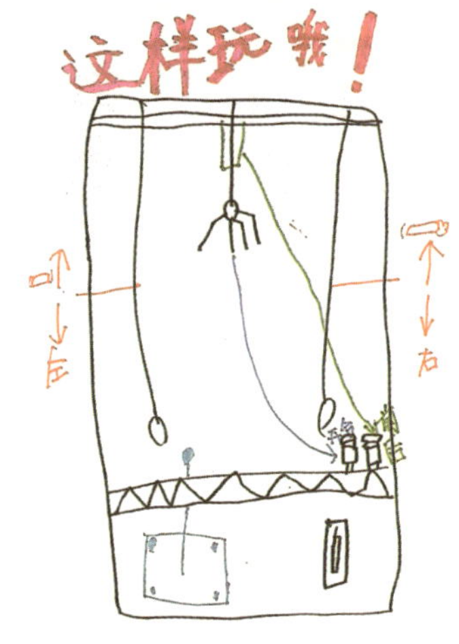

娃娃机操作说明图

张操作图，小朋友来玩时还要有工作人员解说。大家一致表示同意。他们还画了许多图案，请老师帮忙喷印出来按他们的设计装饰在娃娃机上。

教师的思考：

（1）越临近成功，孩子们对于优化娃娃机的任务感越强，他们直接针对上一次游戏存在的问题进行讨论、探索、尝试与解决，游戏的目的性和解决问题的能力不断增强。他们还根据试玩中出现的问题和同伴给予的反馈及时调整、优化娃娃机，目的明确，且具有较强的解决问题的实践能力。

（2）我们给孩子们提供解说、展示平台，鼓励他们在集体面前讲解娃娃机的操作方法并演示，使经验共享最大化。同时启发他们思考、讨论小伙伴们提出的“玩娃娃机需要遵守什么规则”“娃娃机店需要哪些工作人员”等问题，并把结果表征出来，为下一阶段游戏奠定基础。

4. 娃娃机可以玩啦！

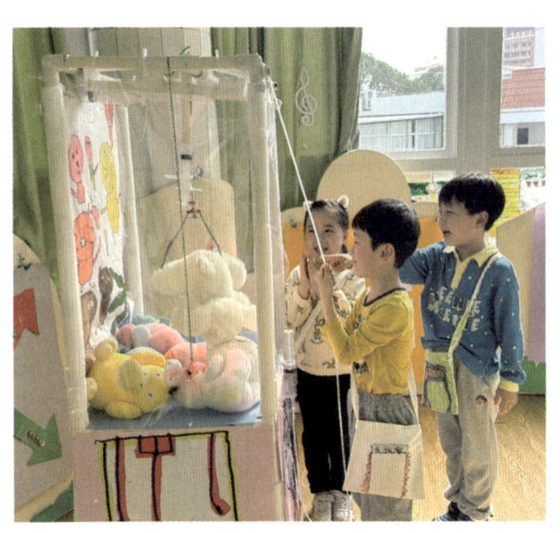
娃娃机营业啦

经过商量，孩子们给娃娃机店设置了三个岗位：接待员、收币员和娃娃机调试员，他们规定想体验娃娃机的玩家需要投两枚游戏币才能参与游戏，人多时需在等待区等待。营业时，小玩家在等待区排起了队，晟晟向接待员骏骏抱怨道：“他玩太久了，一直在重复地玩。”后面的小玩家也应和起来。骏骏见状，走到正玩得起劲的卷卷旁提醒他：“你的游戏时间到啦！”卷卷有点不情愿地结束了自己的游戏。晟晟马上跑上去补位，随即又说道：“他都没有把这个夹子移到原位，这样不对。”……

随着游戏的深入推进，有家长反映孩子以前对外面的娃娃机痴迷，现在以自己研发的娃娃机为豪，不再稀罕外面的娃娃机，发生了很大转变。我们以此为契机引导孩子们讨论：“外面的娃娃机好玩还是自己研发的娃娃机好玩？”他们认为：“自己研发的娃娃机好玩，虽然不是全自动的，但是是自己研究出来的。”“自己研究的娃娃机不用钱就能玩，外面的娃娃机很贵。”“我们的游戏币不多，玩之前都要先考虑一下怎么玩，外面的娃娃机是要用真的钱买币的，更需要安排好，不能一下子玩很多次，花很多钱。”……

教师的思考：

在游戏的过程中孩子们能迁移已有生活经验对游戏规则和存在的不合理现象大胆提出疑问，共同营造欢乐的游戏氛围。从和孩子们的谈话中我们发现孩子们的价值观正悄悄发生变化，他们通过在游戏中的体验逐渐明白凡事都要有度、做事要有计划的道理。

【活动小结】

整个游戏过程中，我最大的感受是“不可思议”。孩子们能充分发挥主观能动性设计、制作、研究娃娃机，看着娃娃机从无到有，从手动到自动，从简陋到美观，孩子们的脑洞大开、超强的动手能力令我感到不可思议；他们迁移在游戏中使用游戏币的经验，思考在现实生活中花钱玩游戏的行为，得出要“安排好”的结论，他们对于消费的思考令我觉得不可思议。这是一个有益的开始。

课程故事整理者：王梅婷

后 记

至此，这本关于一所自然生长的幼儿园的写作终于完成。

在这七个篇章的呈现中，我们仿佛置身于一个充满生机与活力的教育世界。理念之根深深扎入土壤，文化之育如春风化雨，环境之魅让人心生向往，教师之变见证成长力量，课程之旅充满奇幻色彩，家园之融凝聚温暖爱意。

这是一段奇妙的旅程，我们一同探索、一同描绘，试图将这所独特的幼儿园的每一个侧面都清晰展现。在这个过程中，我们对幼儿教育的理解不断深化，对自然生长的意义有了更深刻的感悟。

或许一开始，你们看到“一所自然生长的幼儿园”这个名称，会简单地认为这只是关于自然教育，想象着幼儿园是一个如森林般宽阔的地方。但实际上，这所幼儿园也许并不庞大，然而它却极具特色。它合理地利用每一个空间、每一处场地，精心设置了花园、果园、空中种植园，还有各种充满野趣的设施。在这里，每一寸土地都被赋予了生长的意义，每一个角落都闪耀着教育的光芒。

在此，我要特别感谢我们的叶琪琳、郭丽燕、林明玲、彭思齐等老师，是他们不辞辛劳地帮忙文字排版、校对和收集图片，才使得本书能够如此生动地呈现给大家，让读者们能更直观、深入地了解这所幼儿园。他们的付出与努力，为本书增添了别样的光彩。

当然，在成书过程中，我们也意识到存在一些不足之处。比如某些细节的呈现可能还不够全面，对一些教育理念的阐述或许还不够深入透彻。但我们相信，这些不足也正是我们未来努力和进步的方向。我们期待这所自然生长的幼儿园能不断创新与发展，在教育实践中取得更多卓越的成果。我们也将继续深入探索和研究，力求为孩子们提供更加优质、更具特色的教育环境。我们希望通过不断的努力，让更多的人了解和认同自然生长教育的价值，共同为幼儿教育事业贡献力量。

本书不仅是文字的组合，更是我们的心血与情怀。它承载着我们对幼儿教育的热爱、对孩子们的期待，也承载着无数为这所幼儿园付出努力的人们的故事。希望读者们能从这些篇章中汲取灵感与力量，能更加关注和重视幼儿自然生长的重要性。让我们携手共进，为孩子们创造更多自然、自由、快乐的成长空间，让每一个孩子都能在自然生长中绽放出属于他们的绚烂光彩。

未来，这所自然生长的幼儿园将继续书写它的精彩，而我们也将带着这份执着与信念，不断前行，不断追寻教育的真谛。

郭冰清

2024 年 6 月 16 日